Les Éditions du Boréal
4447, rue Saint-Denis
Montréal (Québec) H2J 2L2
www.editionsboreal.qc.ca

# Identités mosaïques

ŒUVRES DE FRANCIS DUPUIS-DÉRI

*L'Erreur humaine,* roman, Leméac, 1991.

*Lettre aux cons,* pamphlet anarchiste, Éditions du Silence, 1992.

*Love & Rage,* roman, Leméac, 1994.

*L'Archipel identitaire : recueil d'entretiens sur l'identité culturelle,* Boréal, 1997 (codirection M. Ancelovici ; préface de G. Leroux).

*Pour une littérature de combat,* essai, Éditions du Silence, 1998.

*Les Black Blocs : la liberté et l'égalité se manifestent,* essai, LUX, 2003.

Julie Châteauvert
Francis Dupuis-Déri

# Identités mosaïques

## Entretiens sur l'identité culturelle
## des Québécois juifs

Boréal

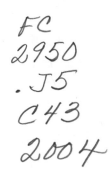
Julie Châteauvert et Francis Dupuis-Déri tiennent à remercier toutes les personnes qui ont accepté de discuter avec eux de l'identité juive, ainsi que Pierre Anctil, de son aide et de ses encouragements, Robert Perreault, ancien député provincial et ancien ministre des Relations avec les citoyens et de l'Immigration, la Fondation du prêt d'honneur de la Société Saint-Jean-Baptiste de Montréal et l'Institut québécois d'études sur la culture juive de leur appui financier ou administratif qui a facilité la réalisation de ce livre.

Les Éditions du Boréal remercient le Conseil des Arts du Canada ainsi que le ministère du Patrimoine canadien et la SODEC pour leur soutien financier.

Les Éditions du Boréal bénéficient également du Programme de crédit d'impôt pour l'édition de livres du gouvernement du Québec.

Illustration de la couverture : L'Arche d'alliance flanquée de candélabres, Beth Shean, mosaïque de pavement, VIe siècle, Jérusalem, Musée d'Israël.

Photographies : © Julie Châteauvert

© Les Éditions du Boréal 2004
Dépôt légal : 2e trimestre 2004
Bibliothèque nationale du Québec

Diffusion au Canada : Dimedia
Diffusion et distribution en Europe : Les Éditions du Seuil

*Données de catalogage avant publication (Canada)*

Dupuis-Déri, Francis, 1966–

Identités mosaïques : entretiens sur l'identité culturelle des Québécois juifs

ISBN 2-7646-0309-6

1. Juifs – Québec (Province) – Entretiens. 2. Juifs – Québec (Province) – Identité. 3. Juifs – Québec (Province) – Attitudes. 4. Sionisme – Québec (Province). 5. Antisémitisme – Québec (Province). I. Châteauvert, Julie, 1970– . II. Titre.

FC2950.J5D86     2004     305.892'40714     C2004-940494-6

# Introduction

« Mosaïque ». Le mot désigne, d'une part, un assemblage cimenté de pièces juxtaposées et, d'autre part, tout ce qui se rapporte à Moïse et par extension au judaïsme. Le titre *Identités mosaïques* évoque ici ces deux idées. Mosaïque d'abord parce que nous avons choisi d'explorer les manières dont on se pense et se raconte juif aujourd'hui au Québec. Mosaïque ensuite parce que les onze entrevues qui composent ce livre sont autant de fragments de récits d'identités par lesquels chacun des invités révèle des facettes de leur judéité. Onze chapitres qui cohabitent, formant ainsi un ensemble, étant donné que chaque individu participe à la dynamique de la communauté à laquelle il s'identifie et que chaque communauté culturelle participe à un ensemble plus vaste. L'identité culturelle des Québécois juifs s'inscrit ainsi en relation avec l'identité culturelle du Québec et du Canada, de même qu'avec l'identité juive globale qui regroupe les Juifs de toute la diaspora et d'Israël dans un tout bigarré et contrasté.

Les onze récits présentés ici permettent d'apercevoir à quel point les façons de s'identifier comme juif diffèrent à l'intérieur du groupe que l'on désigne généralement sous l'appellation « communauté juive du Québec ». Le fait d'exposer côte à côte des points de vue aussi diversifiés met en relief la dynamique des processus d'identification. Dynamique interne, comme le montrent les récits qui expliquent par quelles voies le sentiment d'être juif se transforme — parfois de façon radicale — au cours d'une vie. Dynamique externe aussi, qu'on peut observer en comparant les entrevues entre elles et en analysant leurs similitudes et leurs oppositions.

L'identité culturelle est un concept flou qui fait référence à un phénomène fluide. Il faut la distinguer, par exemple, de l'identité linguistique (je parle français), de l'identité religieuse (je crois en Yahvé), de l'identité professionnelle (je suis plombier) ou de l'identité politique (je suis anarchiste). Toutes ces identités pouvant participer à une identité culturelle, cette dernière est donc plus englobante. L'identité culturelle influence la manière dont les gens voient le monde et se comportent en famille, entre amis, en amour, au travail, etc. Contrairement aux autres identités, il n'y a pas pour l'identité culturelle un livre de référence — un dictionnaire, une bible, un code du travail ou le programme d'un parti — qu'un individu puisse consulter dans le doute pour choisir une pensée ou une action. L'identité culturelle se construit de façon dialogique au fil des réflexions, des expériences, des rencontres et des ruptures qui diffractent la perception qu'a un individu de sa position par rapport à ses groupes d'appartenance. Comme les entrevues présentées ici le dévoilent, la conjugaison d'une identité prend un sens dans le dialogue qu'un individu entretient avec les personnages peuplant son imaginaire, qu'ils soient figures marquantes de l'histoire familiale, nationale ou religieuse, qu'ils soient héros ou antihéros de chansons, de contes, de romans ou de films, et qui sont autant de modèles et de contre-modèles incarnant des postures éthiques.

C'est à travers ce processus dynamique que s'élaborent des critères culturels globaux d'évaluation du bien et du mal ainsi que des barèmes intériorisés qui permettent de définir les notions de liberté, de justice, de solidarité, d'autorité, de loyauté et de dissidence. « Appartenir » à une culture, c'est précisément avoir en commun avec d'autres des points de repère qui aident à s'expliquer qui l'on est, le sens de ses pensées, de ses choix et de ses actions, ainsi que de ses identités linguistique, religieuse, professionnelle et politique. L'identité culturelle peut créer un sentiment de confiance et de stabilité, mais le sentiment identitaire peut aussi être une cause de tensions, d'antagonismes et d'exclusion s'il y a des conflits au sein d'une même culture au sujet de la hiérarchisation des différentes identités, par exemple, les uns accordant plus d'importance à la religion, d'autres à la langue, etc., ou à la suite de tensions avec d'autres communautés culturelles qui partagent le même territoire.

Partout à travers le monde, des gens se disent « juifs » et parlent pourtant des langues différentes, connaissent des conditions de vie spécifiques, adhèrent à des idéologies politiques distinctes et croient ou non en Dieu[1]. En ce sens, l'étude de l'expérience juive constitue un cas d'espèce pour ceux et celles qui s'intéressent aux phénomènes identitaires. C'est dans cette optique que nous avons réalisé ce recueil.

## L'identité juive

L'historien André Neher rappelle que le discours religieux juif pose d'entrée de jeu que « la division de l'humanité en peuples spécifiques est un des principes essentiels de l'optique juive du monde ». Selon les récits bibliques, en effet, les fils de Noé — Sem, Cham et Japhet — sont chacun à l'origine d'un peuple distinct. Dans la Bible, la diversité humaine est de nouveau réaffirmée avec le mythe de la tour de Babel. Selon la tradition juive, chaque peuple doit jouer un rôle qui lui est propre et les temps messianiques seront « une ère où tous les peuples se réuniront pour chanter le même Dieu [...]. Chaque peuple

---

1. Voir à ce sujet le texte de Jean Liberman, *Se choisir juif*, Paris, Syros, 1995, chapitre 4.

continuera de chanter sa partie [le tout formant un] chœur poly-
phonique, où l'essentiel sera qu'aucune voix ne soit fausse,
qu'aucune voix ne chante un faux Dieu[2]. » Voilà la racine théologique qui explique la place centrale qu'occupe la question de
la continuité au sein de la communauté juive.

Mais l'héritage religieux n'explique pas tout… Au cours de
l'histoire, des réalités politiques tragiques ont souvent forcé les
Juifs à approfondir des réflexions identitaires. De siècle en siècle,
ils ont dû protéger, voire reconstituer, leur identité au rythme
des dominations étrangères, des exils et des persécutions. Déjà
en 722 avant l'ère chrétienne, les Assyriens ont traîné les Juifs
hors de la Palestine, événement fondateur d'une expérience de
l'exil. La question de l'identité s'est donc presque toujours posée
pour les Juifs dans un rapport complexe avec des origines géo-
graphiques et une expérience de vie en diaspora. Les Juifs ont
ainsi évolué principalement dans deux grandes régions, l'Europe
et le Moyen-Orient, composant petit à petit deux communautés
— les ashkénazes et les sépharades — aux langues et aux rites
différents. Les ashkénazes se sont déplacés au début du XXe siècle
vers l'Amérique du Nord et du Sud, ce qui a de nouveau provoqué des changements de modes de vie et l'adoption de nouvelles
langues. Faisant face à l'exil, à la perte de leur langue, au contact
parfois harmonieux mais souvent conflictuel avec d'autres cultures, les communautés juives se sont positionnées le long d'un
spectre se déployant entre deux pôles, soit à une extrémité le
choix de défendre et de promouvoir leur culture propre et, à
l'autre, le pari de l'assimilation à la majorité non juive.

Exprimant cette situation particulière, le philosophe Martin
Buber écrivait qu'« au sein d'un peuple qui mène une vie libre,
sûre et épanouie, sur son propre sol, il n'est pas nécessaire à l'individu de s'interroger sur le sens de son appartenance à ce
peuple. […] On peut dire la même chose en ce qui concerne la

---

2. André Neher, *L'Identité juive*, Paris, Payot, 1994.

relation d'un peuple à l'humanité. Un peuple dont la place, dans le contexte de l'humanité, est bien définie, un peuple clairement et distinctement caractérisé par sa terre, sa langue, son genre de vie, ne se pose pas de questions en ce qui concerne sa signification particulière au regard de l'humanité. [...] Il n'en est pas ainsi pour un peuple tel que le peuple juif[3]. » Pour sortir de cette situation exceptionnelle, beaucoup de Juifs d'Europe de l'Ouest ont tenté au XIXᵉ siècle et au début du XXᵉ siècle l'expérience de l'assimilation, allant parfois jusqu'à changer de nom pour devenir de « vrais » citoyens de l'Allemagne, de l'Autriche-Hongrie, de la France ou de l'Angleterre. Cependant, l'affaire Dreyfus en France, l'Holocauste orchestré par les nazis d'Europe et la haine meurtrière à l'égard des Juifs entretenue par plusieurs leaders de l'URSS ont démontré violemment que l'identification à une culture ne dépend pas que de soi. Par le pari du nationalisme et la création de l'État d'Israël en 1948, certains ont voulu permettre aux Juifs de « normaliser » leur identité culturelle. Toutefois, cette solution politique n'a jamais fait l'unanimité. Certains, invoquant des arguments religieux, ne peuvent admettre la récupération de la Terre promise par des manœuvres politiques et militaires. « Nous désapprouvons totalement toute tentative visant à la création d'un État juif. Des tentatives de ce genre mettent en évidence une conception erronée de la mission d'Israël [...] Nous affirmons que l'objectif du judaïsme n'est ni politique ni national, mais spirituel et qu'il se charge d'accroître la paix, la justice et l'amour parmi les hommes », ont ainsi déclaré les rabbins d'Amérique réunis à la Conférence de Montréal en 1897[4]. Selon cette approche religieuse, c'est Dieu — ou plus précisément la venue du Messie — qui doit marquer le retour des Juifs

---

3. Martin Buber, *Judaïsme*, Paris, Gallimard, coll. « Tel », n° 105, 1982, p. 18.

4. Alexandra Szacka, « Antécédents idéologiques de la communauté ashkénaze québécoise », dans Pierre Anctil et Gary Caldwell, *Juifs et réalités juives au Québec*, Québec, Institut québécois de recherche sur la culture, 1984, p. 159.

en Terre sainte. Cet argument à lui seul entraîne le constat suivant lequel le pari du nationalisme politique juif porte en soi son lot de contradictions. La création de l'État d'Israël n'a pas stabilisé l'identité juive ni simplifié la question de l'appartenance à une telle identité, sans compter qu'elle s'est faite au détriment d'une autre communauté culturelle — les Palestiniens — dont plusieurs sionistes ont tenté de nier l'identité spécifique[5].

## Brève histoire des Juifs québécois

Au cours du XIX$^e$ siècle, on trouve parmi les Canadiens anglais installés au Québec quelques centaines de personnes de confession juive qui se considèrent essentiellement comme des citoyens britanniques et qui portent peu d'intérêt à une culture juive qui leur serait propre. Au début du XX$^e$ siècle, des milliers de Juifs — certains très religieux, d'autres pas du tout — convergent vers le Québec pour échapper aux troubles sociopolitiques et à la misère économique dont ils sont victimes en Europe de l'Est. À Montréal, en 1901, la communauté juive compte 7 000 membres. En 1911, elle rassemble 30 000 personnes. Cette expansion fulgurante est remarquable dans un paysage urbain qui ne comptait alors que deux grandes communautés culturelles aux rapports d'ailleurs tendus, les Canadiens français et les Canadiens anglais. Au cours de cette période, le yiddish★ devient la troisième langue en importance au Québec. De nombreux organismes communautaires d'entraide sont mis sur pied ainsi que des cercles culturels, des journaux et les premières institu-

---

5. Sur l'identité palestinienne, voir Rashid Khalidi, *Palestinian Identity : The Construction of Modern National Consciousness*, New York, Columbia University Press, 1983.

★ Les mots suivis d'un astérisque sont définis au lexique, page 245.

tions juives, dont le Congrès juif canadien (fondé en mars 1919 au Monument-National) et la Bibliothèque publique juive.

Cette vitalité communautaire s'explique, entre autres facteurs, par les compétences militantes de nombre de ces nouveaux arrivants aguerris aux techniques d'organisation politique et syndicale des mouvements anarchistes et communistes dans lesquels ils se sont engagés en Europe de l'Est. Motivés par les idéaux égalitaires de ces mouvements, ils prendront une part active dans les luttes ouvrières émergentes de l'époque et dans l'établissement d'institutions communautaires[6]. D'autre part, la réticence des milieux franco-catholique et anglo-protestant à intégrer les nouveaux arrivants dans leurs propres institutions et un certain antisémitisme ambiant ont favorisé — par la négative — le développement d'une communauté juive autonome marquée du sceau de la solidarité[7]. Pierre Anctil, anthropologue, observe que nulle part ailleurs au Canada, « les yiddishophones n'osèrent-ils exprimer aussi manifestement, au sein de leur

---

6. Bernard Dansereau, « La place des travailleurs juifs dans le mouvement ouvrier québécois au début du XXe siècle », dans Pierre Anctil, Ira Robinson et Gérard Bouchard (dir.), *Juifs et Canadiens français dans la société québécoise*, Québec, Septentrion, 2000. Pour une bonne conpréhension des rapports entre Québécois juifs et mouvements de gauche, voir aussi Pierre Anctil, « Introduction », dans Simon Belkin, *Le Mouvement ouvrier juif au Canada — 1904-1920*, Québec, Septentrion, 1999, et Alexandra Szacka, « Antécédents idéologiques de la communauté ashkénaze québécoise », dans Pierre Anctil et Gary Caldwell, *Juifs et réalités juives au Québec*, Québec, Institut québécois de recherche sur la culture, 1984. Voir aussi au sujet de l'affinité entre judaïsme et anarchisme, l'excellent livre de Michael Löwy, *Rédemption et Utopie : le judaïsme libertaire en Europe centrale*, Paris, Presses Universitaires de France, 1998.

7. Voir à ce sujet le texte très éclairant de Gérard Bouchard, « Les rapports avec la communauté juive : un test pour la nation québécoise », dans Pierre Anctil, Ira Robinson et Gérard Bouchard (dir.), *Juifs et Canadiens français dans la société québécoise*, Québec, Septentrion, 2000.

propre communauté, avec projets institutionnels à l'appui, leurs aspirations à la construction et au maintien d'une identité distincte, sous des vocables aussi incisifs que "droits des minorités nationales", "réseau scolaire" ou encore "droits du peuple juif"[8] ».

Avec le temps, le portrait de la communauté juive se modifie tout comme les relations qu'elle entretient avec les communautés majoritaires francophone et anglophone. La Seconde Guerre mondiale et une série de guerres israélo-arabes sont autant d'événements tragiques qui poussent d'autres Juifs à immigrer au Québec. Les hassidim*, par exemple, qui sont décimés par les fascistes lors de la Seconde Guerre mondiale, se réfugient aux États-Unis dans la région de New York et à Montréal. En provenance d'Afrique du Nord, des Juifs sépharades arrivent au Québec dans les années 1960-1970. Généralement francophones, ils ont vécu dans des sociétés arabes et musulmanes d'Afrique du Nord et ils y ont connu la colonisation française. La création de l'État d'Israël et les guerres qui l'ont suivie ont eu sur ces populations des conséquences plus directes que la tragédie de la Seconde Guerre mondiale. En raison de leurs parcours différents, ils font face à leur arrivée à de complexes exigences d'intégration, d'une part face à la société québécoise en général et d'autre part face à la communauté juive déjà bien implantée à laquelle on les identifie et par rapport à laquelle ils se sentent d'abord en dissonance. Cette communauté sépharade compte aujourd'hui environ 25 000 membres. Selon le recensement du gouvernement canadien de 2001, un peu plus de 90 000 habitants au Québec se sont identifiés comme « Juifs » selon un critère religieux ou « ethnique », ce qui constitue une baisse de quelques milliers par rapport au recensement de 1991. Cette

---

8. Pierre Anctil, « Introduction », dans Simon Belkin, *Le Mouvement ouvrier juif au Canada — 1904-1920,* Québec, Septentrion, 1999, p. 47.

communauté juive, avec ses diverses composantes, cherche à se situer par rapport aux sociétés auxquelles elle participe, soit celles du Québec, du Canada et de l'Amérique du Nord.

★　★　★

L'intention de ce recueil d'entretiens n'est pas, bien sûr, de faire œuvre démographique et de présenter un portrait soi-disant objectif de l'identité culturelle des Québécois juifs. Il s'agit plutôt de proposer quelques rencontres qui amèneront un éventail de points de vue à se croiser. L'utilisation de la parole comme voie d'exploration d'une identité culturelle permet de dégager une réalité que les statistiques passent sous silence. L'identité culturelle est continuellement mouvante, malgré notre aspiration bien humaine à quelque stabilité, à quelques invariants. Dès lors fuse toute une série de questions.

En ce qui concerne particulièrement l'identité juive, tous nos invités s'entendent pour dire que la question de la continuité préoccupe l'ensemble de la communauté. Comment s'assurer que les générations à venir se sentiront «juives» et veilleront à leur tour à la pérennité de l'identité si l'identification à une culture procède selon des principes d'entropie? demandent plusieurs. Faut-il agir volontairement pour façonner l'identification des jeunes? Qu'est-ce qui assure l'identification : la pratique religieuse? la connaissance de l'histoire? un État fixé sur un territoire? Que penser alors d'Israël? Et du Québec et du Canada? Certains envisagent l'enjeu sous un tout autre angle et s'étonnent plutôt devant tant d'inquiétude. L'identité juive saura prendre soin d'elle même, disent-ils, puisqu'elle a déjà franchi les millénaires malgré les tragédies et une diversité incroyable d'expériences vécues dans la diaspora. Cela devrait suffire à rassurer les personnes qui craignent aujourd'hui pour sa continuité demain. D'autres s'interrogent et ouvrent une voie plus radicale encore : pourquoi faudrait-il qu'une identité culturelle perdure à tout prix ? Est-ce que ce ne serait pas plutôt un progrès pour l'humanité si les individus cessaient de se crisper sur des traits identitaires et de se battre entre eux pour les conserver ?

Dans ce recueil, les participants offrent des propositions de réponses correspondant à leur sensibilité et à leurs expériences. La variété des questions abordées dans ce recueil et la pluralité encore plus large des tentatives de réponse mènent à un constat incontournable : l'identité culturelle est affaire de dialogues — voire de débats — à travers lesquels nous apprenons à vivre ensemble.

# Sherry Simon

Identités hybrides — hybridité et multiculturalisme
— hybridité et dilution — le Mile-End comme
lieu de rencontres — le judaïsme et l'enfance
— les écrivains juifs au Québec

*Sherry Simon est professeure au département d'études françaises de l'Université Concordia et y est actuellement responsable d'un nouveau programme de traductologie. Ses recherches portent sur l'hybridité, sur l'émergence de nouvelles formes d'identité culturelle dans la création littéraire et sur les phénomènes de traduction langagière comme pratique culturelle. Nous l'avons rencontrée sur la terrasse d'un café du Mile-End, le quartier de Montréal qu'elle habite depuis de nombreuses années et qui nourrit ses intuitions de recherches sur l'identité. Ce quartier, où se côtoient plusieurs groupes culturels, porte les traces de son histoire inscrites dans son architecture ou dans la cohabitation de commerces anciens et récents. Sherry Simon s'intéresse aussi aux écrits d'A. M. Klein, poète yiddish qui a connu la période florissante de la communauté juive yiddishophone de Montréal et dont l'œuvre incite à réfléchir sur les enjeux profonds du passage, de la traduction d'une culture à l'autre, sur ce qui s'y crée et sur les interstices qui y demeurent ouverts.*

*Sherry Simon a codirigé la revue* Spirale *avec Jean-François Chassay de 1986 à 1993. Elle a également publié de nombreux textes. Soulignons ici les livres* L'Hybridité culturelle *(Île de la Tortue, 1999) et* Le Trafic des langues *(Boréal, 1994) qui nous ont conduits jusqu'à elle.*

*Dans votre livre* Le Trafic des langues, *vous exposez deux conceptions de la culture. Selon la première, la culture est le lieu confortable
où l'on se sent chez soi. C'est donc un lieu à préserver, à défendre.
Une deuxième conception présente la culture comme une source de
questionnement permanent qui encourage la créativité et l'innovation. Dans votre livre* L'Hybridité culturelle, *vous semblez pencher en faveur de cette seconde approche.*

Certains moments historiques, certaines situations sociales,
déclenchent le débat sur l'identité. Je pense qu'il s'est passé
quelque chose de décisif dans le Québec des années 1980 où
chaque communauté — francophone, anglophone, juive — a eu
à repenser ses rapports avec les autres et du coup à repenser sa
propre identité. Les groupes se sont rendu compte que les cloi-
sons entre eux n'étaient plus étanches, que le boulevard Saint-
Laurent n'était plus une barrière mais un lieu de rencontre. Cela
a changé le caractère de Montréal. La ville est devenue un espace
plus poreux, tout comme l'image que chaque collectivité avait
d'elle-même est devenue plus complexe.

Par le fait même, la culture n'était plus une zone sécuritaire à
protéger, mais un territoire d'innovation où chacun pouvait
emprunter à l'autre. Cela correspondait aussi à un moment
d'ouverture sur le monde, à des contacts accrus, à des changements sociodémographiques et à une valorisation de l'hybridité,
c'est-à-dire du mélange, autant dans les pratiques quotidiennes

que dans la création artistique. Je pense que cela est positif. Le problème, c'est qu'il y a toujours un clivage entre les identités telles qu'elles sont vécues socialement et les discours de l'identité, qu'il faut mettre en avant pour promouvoir des intérêts politiques et institutionnels. Les groupes doivent projeter une image qui ne s'accorde pas toujours avec la réalité vécue. Tentez par exemple de faire l'exercice de définir un anglophone. Je crois qu'il faut surtout reconnaître le désir de s'identifier à l'histoire et aux traditions de la collectivité. Les identités sont formées autant par les désirs et les relations du moment que par le rapport à l'histoire, aux racines. Il faut donc reconnaître le pouvoir qu'a chacun de créer des relations nouvelles.

*S'opposant à l'hybridité, de nombreux penseurs juifs affirment que l'identité juive se caractérise par la recherche de l'unité. André Neher, auteur de* L'Identité juive, *affirme ainsi que « le Juif est ivre d'unité ». Dans le même ordre d'idées, le philosophe Martin Buber a écrit que les Juifs furent les premiers à penser non seulement l'unité de Dieu (monothéisme), mais aussi l'unité sociale avec le projet communiste d'une société sans classe et l'unité psychologique, avec la psychanalyse. Buber rappelle que Karl Marx, pour ce qui est du communisme, et Sigmund Freud, dans le cas de la psychanalyse, étaient d'origine juive, et il estime que leur pensée puise à cette source.*

Pourquoi l'unité avant tout? Un fort courant de la pensée juive contemporaine trouve plutôt à la base de l'identité juive la qualité opposée : la dispersion, la fragmentation, la multiplicité. Chez Franz Kafka, Walter Benjamin, Jacques Derrida et Régine Robin, il y a une valorisation de « l'entre-deux », de l'identité en porte-à-faux avec elle-même. Ce qui m'intéresse dans la tradition juive, c'est moins la pensée théologique que les pratiques de lecture et d'écriture, le souci de la justice sociale, et la quête sans cesse renouvelée d'un idéal impossible à atteindre. Dans le roman *Le Second Rouleau* d'A. M. Klein, le narrateur est à la recherche de son oncle, un Messie moderne, un idéaliste et un sage. Mais le lecteur sait d'emblée qu'il ne le retrouvera pas.

*Quelle distinction faites-vous entre le concept de multiculturalisme et celui d'hybridité ?*

Le multiculturalisme est un régime de différences contrôlées. Chaque groupe culturel vit son identité comme une plénitude. Chaque culture est conçue comme une bulle, un espace sécuritaire et fermé, et vit son rapport aux autres sur le mode de l'« inter »-culturel, de la tolérance.

L'hybridité, par contre, signifie que chaque individu partage inévitablement des références tirées d'une pluralité de cultures. Le rapport entre groupes est « trans »-culturel. Personne de nos jours, si on exclut les membres de groupes intégristes — et encore là… —, ne vit à l'intérieur d'une culture fermée. L'hybridité renvoie au fait que les cultures sont toujours en mouvement, que les affiliations et les alliances changent, que la façon de s'identifier au passé se modifie également. Cela ne veut pas dire pour autant que les appartenances collectives n'existent plus. Elles continuent d'exister, mais sous un mode non exclusif. Et elles s'exposent au risque de la dispersion et de la dilution. L'hybridité se pratique à la fois dans le quotidien (les pratiques langagières, les pratiques de consommation), sur le plan des idées, des références, et aussi sur le plan des valeurs. Est-ce que cela signifie que tout est hybride ? Pour que cette notion soit utile, pour qu'elle serve à identifier les réalités et les mutations culturelles en cours, il faut préciser le genre de mixité qui se crée. S'agit-il d'une hybridité imposée dans la violence (le racisme, le colonialisme) ou choisie librement ? S'agit-il de mélanges respectueux de l'histoire ou de jonctions forcées, provocatrices, scandaleuses ?

*Il peut donc y avoir une politique du multiculturalisme, mais non une politique de l'hybridité, puisqu'on ne peut encadrer l'hybridité par des lois et des règlements.*

Exactement. Mais encore faut-il se demander quels ont été les effets réels de l'institutionnalisation du multiculturalisme au Canada. Alors qu'il est facile de critiquer la naïveté de la conception de la culture sur laquelle repose le multiculturalisme, et son rôle dans un certain discours de « relations publiques » canadiennes, il faut aussi reconnaître son objectif antiraciste. Si la politique multiculturelle a eu comme effet d'assurer une certaine diversité culturelle dans les institutions et de promouvoir une politique antiraciste, elle a eu son utilité.

*Envisagez-vous votre propre identité juive sur le mode de l'hybridité ?*

Oui. Le fait d'avoir épousé un non-Juif m'a éloignée des institutions juives. Toutefois, par mes parents, je n'ai jamais perdu le contact avec la tradition juive, et cette appartenance partielle au monde juif m'a plu et m'a permis d'élever mes enfants avec un sens fort d'appartenance même si la pratique se limitait à la célébration des fêtes religieuses en famille. Cet « entre-deux » ne m'a pas paru contraire à l'identité juive, que je décline sur le mode des affiliations intellectuelles et sociales hybrides.

*Si l'hybridité se vit au risque d'une dispersion et d'une dilution, doit-on craindre la disparition de certaines identités culturelles qui se dissoudront en raison d'un excès d'hybridité ?*

Il se pose en effet la question de la transmission de l'identité. Comment s'assurer que les prochaines générations s'identifieront à la collectivité juive ? Je suis contente de savoir que des institutions existent qui permettront à mes enfants et aux autres membres de leur génération de s'affilier à un mode d'identité juive forte. Mais ce sont les jeunes qui devront décider de la forme qu'ils veulent donner à leur propre affiliation. L'histoire a permis de très grandes variations. Et si notre époque de tolérance relative offre véritablement le choix, tant mieux. Il ne faut pas confondre « dilution » et « disparition ». C'est justement sa capacité d'évoluer et de trouver de nouvelles formes d'expression qui caractérise l'identité juive.

*Vous habitez le Mile-End depuis plus de vingt ans. Il s'agit d'un des quartiers de Montréal où l'on trouve le plus de Juifs, en particulier beaucoup de hassidim. C'est aussi un des quartiers les plus cosmopolites de Montréal. Dans L'Hybridité culturelle, vous parlez longuement de ce quartier dont vous admirez l'hétérogénéité. On sent dans ce texte une sorte d'apologie de l'hybride. Par contre, vous insistez également longuement sur les transformations architecturales qu'a connues le quartier et qui tendent à effacer les disparités. Ainsi, un des bâtiments du Collège Français, rue Fairmount, était anciennement l'une des plus belles synagogues de Montréal. Le bâtiment a été rénové, mais vous ne semblez pas d'avis qu'il s'agisse là d'une amélioration.*

Le Mile-End est un quartier qui, par son histoire, a vu le passage de plusieurs groupes immigrants et qui conserve des bribes de chaque vague d'immigration. Le Mile-End a été un important quartier juif de Montréal, jusqu'au début des années 1950. À cette époque, les Juifs ont migré vers l'ouest de Montréal et les Juifs hassidiques — presque tous des immigrants arrivés après la Seconde Guerre mondiale — sont venus prendre leur place. Il y a donc eu deux populations juives très différentes dans le Mile-End.

Les transformations architecturales du quartier reflètent l'évolution sociale. Dans les années 1960, les architectes du Collège Français n'ont vu aucun mal dans le fait de défigurer une très belle synagogue. Ils ont couvert de briques jaunes la façade de l'édifice. On peut encore voir les lettres d'hébreu qui dépassent. Le geste a été brutal puisqu'une histoire a été supprimée en faveur d'une autre. Aujourd'hui, les traces du passé sont traitées plus respectueusement. Ainsi, une ancienne église anglicane désaffectée est devenue la Bibliothèque municipale. Notons enfin que dans le cas du Mile-End, la présence juive est historiquement la plus importante non seulement en raison du poids démographique de la population juive, mais aussi par le fait que les écrivains juifs ont créé une mémoire des lieux. C'est surtout par les mots que l'identité d'un lieu est créée.

*L'hybridité et les rencontres culturelles sont parfois sources de tensions et de déchirements. Les Juifs sont ainsi reconnus pour être tout particulièrement réfractaires aux conversions, mais aussi et surtout aux mariages mixtes, y voyant une menace quant à la préservation de l'identité juive. C'est un thème qui revient souvent en littérature ou au cinéma, le film* Un violon sur le toit *étant certainement l'exemple le plus célèbre. Comment votre famille a-t-elle réagi en apprenant que vous alliez épouser un non-Juif?*

J'ai fréquenté l'école publique jusqu'à l'université. Entre filles, on tenait très peu compte de la religion. Mais dès qu'est venu le moment de sortir avec les garçons, la ségrégation religieuse s'imposait. C'était donc assez rare parmi mes amies d'épouser un non-Juif. Ma famille s'identifie très fortement à l'appartenance juive, même si la pratique religieuse y est plutôt tiède. Pourtant, ils ont tous été très accueillants à l'endroit de mon mari, peut-être parce qu'ils étaient contents de me voir enfin mariée! Mais la perception des différences religieuses et sociales a énormément évolué depuis les années 1960. La séparation qui semblait aller de soi à cette époque ne s'impose plus. Les attitudes ont changé.

*Dans la première moitié du XXᵉ siècle, beaucoup de Québécois juifs étaient communistes, socialistes ou anarchistes. Vous identifiez-vous à cette tradition progressiste?*

Absolument. Merrily Weisbord décrit ce monde dans son livre sur Fred Rose, *The Strangest Dream* (traduit en français chez VLB : *Le Rêve d'une génération*) ; il y a également les traductions en français par Pierre Anctil des mémoires de Hirsch Wolofsky et de Simon Belkin sur le syndicalisme juif. On se rappelle que le poète A. M. Klein a été candidat (sans succès) pour la CCF (Cooperative Commonwealth Federation) dans la circonscription de Cartier en 1949. Le monde associatif yiddish à Montréal a été extrêmement riche, et un personnage comme Lea Roback, qui est récemment décédée, reflète bien la passion et la grande ouverture d'esprit des militants. Je ne connaissais pas cette histoire de l'intérieur, mais ce monde de lutte sociale m'a toujours semblé l'aspect le plus inspirant du judaïsme.

*Comment décririez-vous le rapport que vous aviez avec le judaïsme lorsque vous étiez enfant ?*

J'ai été élevée dans la tradition libérale, « réformée* », du judaïsme. L'enseignement, seulement le dimanche et un après-midi de la semaine, était progressiste puisqu'il était ouvert sur la religion comparée. Notre rabbin, le rabbin Stern, était l'un des rares rabbins de la ville, sinon l'unique, à s'engager dans les milieux œcuméniques. Nous, les enfants, aurions préféré une éducation plus traditionnelle, comme celle de nos amis des vieilles congrégations. Tout y était plus beau, plus intense, plus satisfaisant. À la fois sur le plan des connaissances et sur celui des rites. Surtout la musique.

Lors de mes rares visites à la synagogue, je vais maintenant à la synagogue Spanish and Portuguese, puisque j'ai appris à aimer les rites sépharades, surtout la musique. Quand je vais à la synagogue pour le Yom Kippour, je suis souvent accompagnée par un ami non juif, qui connaît mieux les rites et les traditions que la plupart de mes amis juifs.

*Quelle image aviez-vous du Québec francophone et catholique lorsque vous étiez jeune ?*

Le Montréal de mon enfance était une ville divisée. Le Québec francophone semblait exister sur une autre planète, plutôt que dans le quartier voisin. J'ai eu la chance d'apprendre le français parce que ma mère a eu la bonne idée de me faire suivre un cours d'été à l'Université de Montréal lorsque j'étais encore à l'école secondaire. Sinon, comme tous les autres anglophones de Montréal, je n'aurais jamais appris le français. On accordait à l'époque plus d'importance au latin qu'au français à l'école.

*Vos enfants s'identifient-ils comme juifs ?*

Mes enfants ont une certaine identité juive. Ils ont toujours célébré les fêtes juives, à côté des fêtes chrétiennes. L'identification n'a pas toujours été facile. Très longtemps, mon fils a eu du mal à faire la part des choses. Nous vivions rue Jeanne-Mance, la rue qui compte le plus grand nombre de hassidim à Montréal. Mon fils disait donc : « Je ne suis pas juif puisque les Juifs, ce sont *eux*. » Et il était difficile pour lui de se percevoir comme étant francophone et juif. Grâce au professeur Meir Ifergan qui lui a donné des leçons privées, il a célébré sa bar-mitsvah★ de façon peu conventionnelle, à la maison, entouré de parents, de voisins et d'amis, juifs et non juifs. Ce fut un événement mémorable, tout à fait à l'image de notre identité. Ma fille, quant à elle, a toujours eu un fort sens de l'appartenance juive, et je pense que ce sens s'approfondit avec les années. Je crois que mes enfants, et ceux de leur génération, auront à décider pour eux-mêmes le poids et la signification de leur affiliation juive. Ils auront à se plonger dans les lectures : la littérature, l'histoire, l'Holocauste, les luttes sociales. Ils auront toujours une part de judéité, mais ce qu'ils en feront, ce sera à eux de décider.

*Quels sont vos contacts avec les multiples institutions et organismes de la communauté juive de Montréal ?*

La Bibliothèque publique juive est un endroit que je fréquente avec joie. C'est toujours un plaisir pour moi que de voir affichées les quatre langues officielles de la bibliothèque, soit le français, l'anglais, le yiddish et l'hébreu, et d'y entendre parler les différentes langues. Je suis affiliée à la Chaire d'études juives de l'Université Concordia et donc à l'Association d'études juives. Les recherches qui se font actuellement sur l'histoire du Montréal juif et de l'époque de la culture yiddish sont fascinantes, en particulier l'étude de la nature des liens entre les cultures yiddish et francophone. J'ai siégé au comité du Mémorial de l'Holocauste. Cela dit, je me suis tenue loin de certaines institutions juives au cours des années, parce que je ne me sentais pas incluse. J'ai eu par ailleurs beaucoup de mal à accepter le rapport des institutions juives à la collectivité francophone. Pourquoi avoir insisté autant sur l'alliance avec les anglophones ? La culture juive est de tout temps une culture polyglotte.

*Un Montréalais juif a accusé Salomon Cohen de traîtrise parce qu'il a épousé la cause de la souveraineté du Québec. Comment réagissez-vous à une telle attaque ?*

Les Juifs ont toujours été méfiants face au nationalisme, et ce soupçon est bien fondé. Cela dit, il y a toujours eu des Juifs idéalistes, prêts à épouser les causes nationales dans une perspective de lutte sociale. Au cours des années 1970, on a compté des Juifs parmi les militants séparatistes. Mais, au fur et à mesure que le mouvement souverainiste s'est désaffilié du projet social, il y a eu de moins en moins de raisons de se déclarer souverainiste.

Pour moi, la déclaration de Jacques Parizeau à la suite de la défaite du référendum de 1995 a été un réel avertissement. Alors que je n'ai jamais senti le moindre signe d'antisémitisme au Québec, j'étais profondément choquée par l'attitude « comptabiliste » du Parti québécois dans ses rapports aux minorités. Les milieux politiques étaient très loin de la réalité sociale, refusant même de voir comment la société avait changé.

*De tous les écrivains montréalais juifs, Mordecai Richler est sans doute le plus célèbre, mais il est aussi le plus polémique. Que pensez-vous de son œuvre ?*

Quand Richler est mort, il a été dit, avec raison, que le Québec francophone avait du mal à lui pardonner son attitude très polémique. Oui, Richler vitupérait contre tout, mais son attitude face au Québec était réellement passéiste. Il habitait le Montréal des années 1940 et 1950, le monde d'avant son départ pour l'Europe. Il avait raison de souligner le ridicule des positions de Jacques Parizeau et des autres idéologues ethnicistes, mais il ne présentait aucune autre facette de la société québécoise. Je ne vois pas en quoi sa polémique contre le Québec a été le moindrement bénéfique. Il a tout simplement conforté les Anglo-Canadiens dans leurs perceptions d'un Québec raciste.

En même temps, Richler a été un romancier courageux. Ses premiers écrits, surtout *L'Apprentissage de Duddy Kravitz,* ont été reçus par la communauté juive — une communauté encore très fragile à l'époque, dans les années 1950 — comme une attaque cruelle. Mais on ne peut pas mettre sur le même plan ses rapports à la communauté juive et son attitude critique face au Québec. Ses rapports à la communauté juive se déroulent durant toute une vie et se manifestent sous une multiplicité d'écrits. Pour ce qui est du Québec, il s'est cantonné dans un discours et une perspective très limités.

*Vous avez étudié des auteurs juifs de Montréal. Qu'est-ce que leurs œuvres vous révèlent à propos du monde qui vous entoure, à propos de Montréal et à propos de vous-même ?*

Disons d'emblée que le projet actuel de Pierre Anctil de traduire de nombreux textes du yiddish au français me semble du plus grand intérêt. Que signifie le passage de la culture juive yiddish de Montréal au français ? Durant l'époque de la grande efflorescence de la culture yiddish à Montréal, il y avait peu de contacts entre Juifs et Canadiens français. Traduire aujourd'hui (sans passer par l'anglais) fait exister un lien dans le présent qui n'existait pas dans le passé. La traduction est le symptôme et l'instrument d'une transformation dans les relations entre les collectivités.

Quant à parler plus spécifiquement d'auteurs, je mentionnerais tout d'abord A.M. Klein, qui est pour moi un auteur emblématique. Il a cherché durant toute sa vie une écriture qui rendrait compte de la relation entre cultures et langues, entre l'hébreu, le yiddish, le français et l'anglais. Son roman *Le Second Rouleau* est l'un des textes les plus riches que je connaisse. Il y a des ressemblances entre ce roman et *La Québécoite* de Régine Robin, qui est également le roman d'une quête et une traversée des époques, des langues et des cultures. Peut-être est-ce cela, une perspective juive : une conscience aiguë de l'histoire et du passage entre les cultures ?

# Harry Gulkin

Des parents communistes — Juifs communistes
et Juifs religieux — le fascisme québécois —
le sionisme — identité politique et déracinement

$A$u début du XX$^e$ siècle, les Juifs parlant le yiddish forment la troisième communauté culturelle en importance à Montréal, après les franco-
catholiques et les anglo-protestants. Un grand nombre de ces Juifs ont
participé aux mouvements révolutionnaires anarchistes ou communistes
en Europe de l'Est. Ces militants arrivent à Montréal avec la tête pleine
d'idéaux égalitaires et une solide expérience dans l'organisation politique
et syndicale. La majorité d'entre eux commencent à travailler en usine,
principalement dans les manufactures de textile, où ils vont rapidement
revendiquer de meilleures conditions de travail. Né à Montréal le 14 no-
vembre 1927, Harry Gulkin grandit dans une famille de Juifs communistes. Il est lui-même actif au sein du Parti communiste canadien, dont
environ 70 % des membres sont alors juifs. Dans les années 1950, Gulkin est membre du comité provincial du parti et responsable des activités
artistiques.

En 1956, Nikita Khrouchtchev, qui dirige l'URSS, dénonce les
crimes politiques de son prédécesseur Staline, ce qui provoquera des crises
profondes dans les divers partis communistes du monde. Harry Gulkin
claque alors la porte et s'associe à un ancien camarade communiste de
New York, qui a lancé une boîte de marketing. Ils fondent ensemble un
magazine de théories du marketing. Gulkin travaillera également pour la
firme d'alimentation Steinberg. Dans les années 1980, il exerce la fonction de directeur artistique au Centre Saydie Bronfman et il travaille
aujourd'hui à la Société de développement culturel (SODEC) du Québec. Il a produit des films, dont Lies My Father Told Me, qui fut en
nomination pour un Oscar.

*L'histoire du militantisme juif au sein du mouvement communiste canadien est aussi fascinante que mal connue. On lira avec intérêt à ce sujet :* Simon Belkin, Le Mouvement ouvrier juif au Canada — 1904-1920 *(Septentrion, 1999) ; Marcel Fournier,* « Fred Rose : notes pour une biographie », *dans Robert Comeau et Bernard Dionne,* Le Droit de se taire : histoire des communistes au Québec de la Première Guerre mondiale à la Révolution tranquille *(VLB éditeur, 1989) ;Alexandra Szacka,* « Antécédents idéologiques de la communauté ashkénaze québécoise », *dans Pierre Anctil et Gary Caldwell,* Juifs et réalités juives au Québec *(Institut québécois de recherche sur la culture, 1984).*

*Dans la première moitié du XX<sup>e</sup> siècle, de très nombreux Juifs du Québec étaient membres d'organisations socialistes et communistes. Vous avez vous-même été un membre actif du Parti communiste du Canada. Qu'est-ce qui a déterminé votre adhésion à ce mouvement ?*

Mes parents sont nés en Ukraine et ils ont participé à la Révolution soviétique de 1917. À la suite de cette révolution, une guerre civile a éclaté qui opposait l'Armée rouge communiste à une vaste coalition regroupant les nationalistes ukrainiens, les Russes restés loyaux au tsar et des troupes étrangères venues prêter main-forte aux troupes antirévolutionnaires. La région qu'habitaient mes parents a été occupée par des troupes anticommunistes et mon père fut capturé par des soldats polonais de l'armée d'intervention. Ils l'ont attaché à un arbre et lui ont lacéré les fesses à coups de sabre. Malgré cela, il n'a pas mis fin à ses activités et il s'est même vu offrir un poste important au sein du nouveau régime. Il a décliné l'offre et a plutôt décidé de partir. Après un séjour de quelques années en Roumanie, mes parents sont arrivés à Montréal au début de l'année 1927. À Montréal, ils côtoyaient des gens qui partageaient leurs convictions révolutionnaires et qui rêvaient comme eux de remplacer le capitalisme par un système socialiste-communiste. L'URSS était alors leur modèle. J'ai donc grandi dans un environnement militant et l'ambiance y était très chaleureuse. Après mes heures de classe, mes parents m'envoyaient dans des écoles communistes où j'étudiais le yiddish. La première école yiddish où je suis allé était située au 62, rue Rachel Est. Plus tard, on l'a déménagée au 30, rue Villeneuve Ouest. J'étais alors très jeune et nous n'avions pas de cours de politique à proprement parler. Cependant, les exemples et les mises en situation que mes professeurs de yiddish choisissaient pour les exercices faisaient souvent référence à des situations politiques. J'allais aussi dans les camps de vacances de l'International Workers Children et j'appartenais aux Young Pioneers. Nous avions un foulard rouge autour du cou, nous apprenions des chansons politiques et nous montions des pièces de théâtre dont les thématiques étaient politiques. Je me souviens, par exemple, d'une pièce qui relatait l'histoire de locataires expulsés de chez eux parce qu'ils étaient incapables de payer leur loyer, une situation commune après la Grande Dépression de 1929.

Je sais que mon père était membre d'un parti de gauche qui collaborait avec les bolcheviks. Ma mère, quant à elle, croyait en Lénine avec ferveur, et elle est restée fidèle à l'idéologie communiste toute sa vie. À l'époque, les femmes étaient opprimées, les Juifs étaient opprimés, le peuple entier était opprimé. Lénine faisait donc figure de sauveur puisqu'il proposait l'émancipation de tous. Ma mère n'a jamais renoncé à cet idéal. Mon père, par contre, a commencé à douter de la nature du régime soviétique dès les années 1930. Les autorités soviétiques exécutaient alors certains de ses anciens camarades. Il n'a pas fait confiance à Staline. Une fois à Montréal, mon père ne s'est jamais engagé sérieusement dans des organisations communautaires même s'il parlait beaucoup de politique. Il avait aussi un ego démesuré et il cherchait la gloire et la richesse. Il venait d'une famille très pauvre. Avant la Révolution, malgré ses humbles origines, il avait été le photographe officiel d'une riche famille de la noblesse. Pendant la Révolution, il était devenu maire d'une petite ville nommée Bar. Arrivé ici, il était redevenu simple photographe. Il ne l'a jamais accepté et il est devenu très amer.

*Quels rapports entretenait votre famille avec le reste de la commu-
nauté juive non communiste et plus particulièrement avec les Juifs
religieux ?*

La majorité des immigrants d'Europe de l'Est de tendance
communiste n'étaient pas croyants et nous vivions presque radicalement coupés des croyants, même si nous respections certaines traditions à caractère religieux. Par exemple, les enfants
faisaient leur bar-mitsvah et les mariages étaient célébrés par des
rabbins. Mon père, pour sa part, éprouvait une haine virulente
pour la religion. Pour lui, les capitalistes et les rabbins incarnaient
les deux pires manifestations de l'humanité. Deux exemples
qui représentent bien cette attitude face à la religion me viennent à l'esprit. Mon père avait un studio de photographie sur
le boulevard Saint-Laurent, dans un local situé au-dessus de ce
qui est actuellement le cinéma pornographique L'Amour… À
l'époque, les Juifs vivaient principalement dans ce quartier et
l'on y trouvait une grande concentration de synagogues. Durant
le Yom Kippour★, la plus sainte des fêtes religieuses juives, mon
père se préparait un gros sandwich au jambon qu'il allait manger
bien à la vue devant la synagogue. Il manifestait publiquement
son dédain pour la religion en mangeant aussi ouvertement de la
nourriture non casher★. Honnêtement, entre nous, je trouvais
qu'il exagérait un peu… Il me semble que ce n'était pas nécessaire d'insulter les gens. L'autre exemple est tout aussi révélateur.
Mon père m'avait emmené à la synagogue durant la fête de la
moisson. J'avais neuf ans et c'était la première fois que j'entrais
dans une synagogue. À l'occasion de cette fête, les enfants portent de petits drapeaux sur une tige au bout de laquelle on ins-
talle une pomme et une chandelle. À cette époque de crise économique, nous n'avions que trois pommes pour un sou, alors
que nous pouvions acheter dix patates pour le même prix. Les
enfants se promenaient donc avec des patates et des bougies
fichées au bout de leur tige. Mon père m'a dit, dans son anglais à
l'accent inimitable : « Harry, this place is a racket. The rabbi tells

lies and makes lots of money. I never want to see you again in a place like this as long as I live ! » Il m'avait conduit à la synagogue pour me faire la leçon et me dire de me tenir loin de ce monde… Tout cela pour vous dire que, vous l'avez compris, je n'ai eu aucune éducation religieuse.

*Mais ces Juifs religieux n'étaient-ils pas originaires des mêmes régions et ne partageaient-ils pas le même héritage culturel que votre père ?*

En effet. Mais déjà en Europe, les Juifs laïques et les Juifs religieux s'ignoraient. Ils ont tout naturellement continué à s'opposer les uns aux autres une fois établis en Amérique du Nord. Nous nous considérions, nous les communistes, comme les héritiers de l'émancipation des Juifs qui a débuté en Europe au XVIIIᵉ siècle. Beaucoup de Juifs émancipés étaient devenus très modernes et avaient rompu avec la religion. Ils participaient à travers la science ou l'art au développement de la pensée et de la culture occidentales. À l'inverse, de nombreux Juifs religieux insistaient pour rester ancrés dans ce que j'appellerais une sorte de Moyen Âge mythique.

*Dans les années 1940, une forte proportion des membres du Parti communiste canadien étaient juifs. En 1924 fut fondé à Montréal le journal communiste écrit en yiddish* Der Kamf (Le Combat), *qui deviendra plus tard* Der Vokhnblat. *Son directeur, Joshua Gershman, a dit :* «Je suis devenu communiste parce que je suis juif. » *Comment réagissez-vous à cette remarque ?*

C'est parce que les Juifs ont dû lutter si fort et si longtemps contre la discrimination et pour leur émancipation qu'ils sont devenus si militants. Pour ma part, je crois bien avoir acquis certaines de mes convictions politiques presque par osmose. Ma mère valorisait beaucoup l'engagement social et la solidarité. Dans les années 1930, lors de la crise économique, nous allions régulièrement en pique-nique sur le mont Royal. Malgré notre pauvreté, ma mère apportait toujours, sans jamais y manquer, des sandwichs supplémentaires pour les offrir aux démunis. Voilà le type d'héritage politique que m'ont transmis mes parents. De leur côté, mes enfants ont des parcours presque divergents. Ma fille est monteuse et réalisatrice de films. Elle a fait plusieurs documentaires et les questions sociales occupent presque tou-jours une place importante dans ses films. Mon fils vit à Bangkok depuis vingt ans. Il a épousé une Thaïe et le thaï est la langue qu'il parle tous les jours. Il fait de l'exportation de fruits de mer congelés et il est devenu un grand capitaliste ! À sa façon, pour-tant, il se préoccupe aussi de questions sociales. Par exemple, lors des grandes manifestations étudiantes en 1992 contre la dicta-ture, il a soutenu les manifestants en leur prêtant un télécopieur et un téléphone cellulaire, ce qui était passablement dangereux pour sa propre sécurité.

*Selon Jack Jedwab, la véritable ambition des « downtowners », c'est-à-dire les Juifs du centre-ville majoritairement pauvres, n'était pas de révolutionner la société et de renverser le capitalisme, mais plutôt de ressembler aux Juifs de l'élite aisée de Westmount ou d'Outremont qu'on désignait alors par le nom d'« uptowners ».*

Les pauvres du centre-ville rêvaient évidemment de sortir de la misère ! Il faut faire une distinction entre, d'un côté, les riches propriétaires qui détiennent du pouvoir grâce à l'argent et qui exploitent les travailleurs et, de l'autre, ceux qui ont réussi à améliorer leurs conditions de vie en devenant médecins, journa-listes, intellectuels, artistes, etc. Ce sont les premiers, c'est-à-dire les propriétaires millionnaires, que nous appelions à l'époque les uptowners. Quant aux downtowners qui ont organisé les syndi-cats et qui se sont consacrés à l'amélioration des conditions de vie des ouvriers, ils ne rêvaient certainement pas devenir comme ces uptowners qu'ils détestaient tant !

Il faut dire aussi que les rapports entre downtowners et

uptowners n'étaient pas uniquement basés sur l'envie ou l'hostilité. La grande majorité des Juifs arrivant d'Europe de l'Est au début du XX^e siècle étaient pauvres. Il y a eu une explosion d'organismes voués à l'entraide, et ces organismes n'étaient pas tous de tendance communiste. Des fonds d'aide mutuelle furent par exemple créés par et pour des gens qui venaient d'un même village d'Europe de l'Est. Au coin de la rue Ontario et du boulevard Saint-Laurent fut également fondée une banque — la Hebrew Free Loan Society — qui offrait des prêts sans intérêt. Enfin, il ne faut pas oublier que les uptowners ont eux aussi financé des organismes d'aide aux plus défavorisés. En fait, on peut même dire que les grandes organisations communautaires étaient souvent contrôlées par des uptowners tels Sam Steinberg ou Sam Bronfman. Remarquez que beaucoup de Juifs pauvres et communistes acceptaient difficilement que ce soit des uptowners qui se retrouvent à la tête de certains organismes communautaires. Les rapports entre downtowners et uptowners étaient donc plutôt complexes.

*Nous avons parlé de votre jeunesse et de vos parents. Quel fut votre engagement dans le mouvement communiste ?*

Lorsque la Seconde Guerre mondiale a éclaté, j'ai voulu m'enrôler dans l'armée canadienne pour combattre le fascisme, mais l'armée n'a pas voulu de moi car j'étais trop jeune… Mon père et moi avons ressenti une grande déception face à ce refus. Je me suis donc finalement engagé dans la marine marchande et j'ai rapidement adhéré à des organisations qui luttaient pour les droits des marins. Plus tard, je suis devenu journaliste. J'ai été correspondant pour le *Canadian Tribune,* un journal communiste dont j'étais le seul représentant au Québec. Maurice Duplessis était alors premier ministre, et si mon journal n'était pas illégal, il n'était pas pour autant très bien vu. Résultat : « l'escouade rouge » a débarqué chez moi à plusieurs reprises. La situation avait son côté grisant parce que nous avions l'impression d'ébranler les bases de la société. Nous étions persécutés, mais pas au point d'être jetés en prison. Alors nous étions réprimés, mais certainement pas déprimés! Rétrospectivement, il me faut bien admettre que nous exagérions notre véritable pouvoir. Et paradoxalement, nos velléités communistes nous isolaient du reste de cette société que nous souhaitions pourtant transformer de fond en comble. J'étais donc en partie isolé par rapport aux courants les plus importants de la société en général et de la communauté juive en particulier.

Cela ne veut pas dire que nous n'avons pas réalisé de grandes choses. Les organisations de gauche étaient à l'époque extrêmement dynamiques. Il y avait deux cercles ouvriers, le Cercle ouvrier du Bund*, dont le siège était au 4848, boulevard Saint-Laurent, et notre Cercle ouvrier de gauche Juif (qui est devenu par la suite le United Jewish People Order), situé au 5, avenue du Mont-Royal Ouest. Ces cercles ouvriers organisaient des réunions politiques, des activités culturelles et des groupes de lecture où l'on discutait littérature. De plus, la Worker Educational Association offrait des cours aux adultes. L'éducation aux adultes était à l'époque une préoccupation parmi les forces de gauche, car seuls les plus favorisés avaient accès à l'éducation supérieure.

Notre militantisme a provoqué des avancées significatives pour les travailleurs ici comme aux États-Unis. Nous étions à l'avant-garde des organisations syndicales. À l'époque, la tendance était de regrouper les ouvriers par corps de métier. Notre stratégie était plutôt de réunir tous les ouvriers d'une usine dans un même syndicat, ce qui le rendait beaucoup plus puissant. Des personnes comme Lea Roback, une grande communiste à la fois syndicaliste et féministe, ont beaucoup fait pour améliorer les conditions de travail des ouvrières dans les manufactures de textile. Pour ma part, je me suis engagé dans l'organisation d'un syndicat pour les marins. Ces derniers travaillaient alors sept jours par semaine, douze heures par jour, et nous avons obtenu la semaine de quarante heures, ce qui n'est pas rien! C'est ainsi que, petit à petit, je suis devenu organisateur de l'Union des marins canadiens et adjoint au rédacteur en chef du journal du syndicat. Nous avons aussi organisé des événements extraordinaires, comme cette assemblée publique en 1938 au Mount Royal Arena, au coin sud-est de l'avenue du Mont-Royal et de la rue Saint-Urbain, où environ cinq mille personnes sont venues écouter Norman Bethune parler de son expérience auprès des troupes antifascistes pendant la guerre civile espagnole.

*Puisque de nombreux Juifs militaient dans les mouvements de gauche, l'anticommunisme et l'antisémitisme étaient-ils amalgamés dans le discours de l'époque ?*

Il coexistait en réalité deux discours contradictoires. D'un côté, on prétendait que les Juifs planifiaient une révolution communiste mondiale pour s'emparer de la planète et détruire la religion. De l'autre, on affirmait presque du même souffle que les Juifs contrôlaient le capitalisme et les banques, et qu'ils complotaient de s'emparer du monde grâce à l'argent...

*Dans les années 1930, le fascisme était présent au Québec. Adrien Arcand, par exemple, était à la tête d'un groupe fasciste regroupant quelques centaines de membres. Y avait-il alors à Montréal des affrontements entre les fascistes et les communistes comme ce fut le cas dans plusieurs villes européennes ?*

Il n'y avait pas d'affrontements organisés. La violence éclatait surtout entre la Police provinciale ou « l'escouade rouge » et les grévistes sur les piquets de grève. À ces occasions, il arrivait qu'on se fasse traiter de « sales Juifs », mais ce n'était pas systématique. Je me rappelle toutefois qu'en 1938 ou 1939 quelques centaines d'étudiants de l'Université de Montréal avaient fracassé les vitrines de plusieurs commerces juifs du boulevard Saint-Laurent. Mon père était sorti de son studio pour participer à la bagarre. À son retour à la maison, la chemise déchirée et ensanglantée, il bondissait de joie parce qu'il s'était battu contre des fascistes ! Je me rappelle également la journée de l'élection du candidat communiste Fred Rose. Nous nous étions rassemblés dans la rue devant le 5, avenue du Mont-Royal Ouest, où se trouvait le siège du Cercle ouvrier de gauche Juif. Durant la soirée, un camarade qui avait le sens de l'agitation nous criait les résultats de l'élection juché sur le rebord d'une des fenêtres. Fred Rose avait devancé de quelques centaines de voix le candidat du Bloc populaire — un parti opposé à la conscription — et le camarade nous a crié : « Fred Rose a vaincu les fascistes ! »

*À cette époque, un certain courant du nationalisme québécois — ou « canadien-français » comme on disait alors — était fasciste et antisémite. Le Devoir et des membres de la hiérarchie catholique exprimaient publiquement des opinions antisémites. Selon Pierre Anctil, l'antisémitisme n'était cependant pas dominant parmi les membres de l'élite franco-catholique du Québec et moins encore sur le boulevard Saint-Laurent où les Canadiens français et les Juifs se côtoyaient quotidiennement.*

Les thèses d'Anctil à ce sujet me paraissent douteuses. Parmi l'élite, il existait une véritable fascination pour des dictateurs comme Mussolini en Italie, Franco en Espagne et Salazar au Portugal. Les Trudeau, Pelletier et Laurendeau se sont ravisés lorsqu'ils ont découvert ce qui se passait réellement sous les régimes fascistes. C'est d'ailleurs extraordinaire qu'ils l'aient fait. Mais personne ici ne veut reconnaître ces épisodes et finalement se féliciter des changements profonds qu'a connus cette société. Je trouve cela franchement curieux. Il faut lire à ce sujet la pièce de théâtre *C'était avant la guerre à l'Anse-à-Gilles,* dans laquelle Marie Laberge met en scène un personnage qui admire Mussolini. Cette pièce évoque bien l'esprit de l'époque. J'ai lu également le livre d'Esther Delisle, où elle montre qu'à cette époque plus de mille articles à saveur antisémite ont été publiés en première page du journal *Le Devoir.* Heureusement, les classes populaires ne lisaient pas *Le Devoir*! Et les gens ne suivaient pas les appels du clergé au boycottage des commerces juifs. Cependant, il existait aussi de l'antisémitisme parmi le peuple. Mais ce n'était pas un problème local, ces attitudes existaient partout! Lisez des textes de l'époque, des pièces de théâtre, vous y trouverez l'expression de préjugés contre des Juifs et des immigrés, c'était intégré dans le langage populaire. Il est vrai que cette intolérance n'a pas touché le peuple au même degré que celui où elle a pénétré l'élite. Les relations demeuraient en général plutôt bonnes entre les gens, mais les groupes ne se mélangeaient pas beaucoup et les préjugés étaient forts de tous les côtés. Évidemment, les gens qui souffraient le plus des préjugés n'étaient pas ceux qui composaient la majorité. Cela ne veut pas dire pour autant que les membres des minorités aient été des anges…

L'antisémitisme a existé partout dans le monde, au Canada comme ailleurs. Il semble pourtant que les Québécois sont particulièrement réticents à admettre qu'il y a eu une période où l'antisémitisme était dominant au sein de son élite franco-catholique. Admettre les erreurs du passé n'équivaut pourtant pas à prétendre que la situation n'a pas changé. Mais il faut tout de même connaître les périodes plus sombres de l'histoire de sa communauté et accepter d'y réfléchir. Je sais que les Québécois ont dû défendre et promouvoir le français. Les capitalistes anglo-canadiens — et aussi parfois franco-canadiens — ont exercé pendant des générations leur domination sur les Canadiens français. Pour le Québec, il était donc nécessaire, voire essentiel, de se doter d'un système d'éducation et de prendre des mesures pour protéger la langue et la culture françaises. Cela dit, je trouve que le Québec d'aujourd'hui n'est pas aussi tolérant que le Canada, même si ce dernier n'est pas non plus parfait. Par contre, je considère comme complètement ridicules les accusations selon lesquelles le Québec serait aujourd'hui fasciste.

Nous vivons dans une société très avancée. La Révolution tranquille a transformé le mouvement nationaliste. À son arrivée au pouvoir, le Parti québécois était le seul parti social-démocrate d'importance et il a réalisé des choses extraordinaires. Malheureusement, le Québec ne traite toujours pas les membres de ses minorités aussi bien que le fait le Canada. Le gouvernement du Québec annonce régulièrement l'instauration de programmes d'intégration d'allophones et d'anglophones dans la fonction publique où ils sont actuellement presque absents. Mais rien ne se passe réellement. La tolérance et l'ouverture nécessitent des faits, pas seulement de belles paroles.

*À l'époque de votre engagement communiste, il y avait d'autres partis de gauche qui insistaient sur l'importance de défendre et de promouvoir la culture juive en général et yiddish en particulier. Le Bund, originaire d'Europe de l'Est, était un parti juif social-démocrate non sioniste qui faisait la promotion du yiddish. Le Poale Zion — les Travailleurs de Sion — était un parti socialiste sioniste militant pour l'établissement d'un État juif en Palestine. Le Hashomer Hatzaïr était le plus près des communistes russes staliniens, quoique néanmoins sioniste. Quels rapports entreteniez-vous avec les membres de ces partis ?*

Nous considérions à l'époque que les sociaux-démocrates et les socialistes des autres partis de gauche étaient d'une certaine manière nos pires ennemis. C'était ridicule, mais c'était la conséquence d'un problème réel : ceux dont les convictions politiques ressemblent le plus aux vôtres représentent le plus grand danger parce que ce sont précisément eux qui peuvent le plus facilement convaincre vos partisans. Les différents groupes politiques de gauche étaient donc en compétition pour recruter les Juifs qui travaillaient en usine.

*Que pensiez-vous alors du sionisme ?*

Le nationalisme, pour les communistes, était perçu comme étant un facteur de division de la classe ouvrière, liguant par exemple les ouvriers canadiens-anglais contre les ouvriers canadiens-français. Le sionisme n'était aux yeux des communistes qu'un projet nationaliste parmi d'autres qui niait les luttes fondamentales entre la bourgeoisie juive et les travailleurs juifs. La doctrine communiste, pour sa part, était fondée sur un idéal internationaliste très fort. Pour nous, la solidarité nationale ou culturelle était beaucoup moins importante que la solidarité de classe entre ouvriers. Les vrais adversaires n'étaient pas les gens extérieurs à notre culture, mais bien les capitalistes, quelle que soit leur nationalité. Cet internationalisme était important et les mariages mixtes étaient fréquents chez les Juifs communistes. Or, on sait à quel point le mariage mixte est souvent problématique dans les communautés juives.

Malgré la méfiance du Parti communiste envers le nationalisme en général et le sionisme en particulier, je me suis porté volontaire en 1947 pour travailler sur les bateaux qui transportaient en Palestine des Juifs survivants de l'Holocauste. Comme j'étais marin et que je parlais yiddish, je pensais que ma candidature serait retenue. Je dois avouer que même si mon identification juive jouait un rôle important dans ma décision de me porter volontaire, l'idée de vivre en aventurier me plaisait aussi beaucoup. Cependant, face à mes camarades communistes, je justifiais mon choix en disant que je voulais surtout combattre l'impérialisme britannique, la Palestine étant alors sous la domination britannique. L'URSS fut l'un des premiers pays à reconnaître l'indépendance d'Israël en 1948, et ce fut alors pour nous le signal que nous pouvions désormais célébrer le sionisme malgré nos idéaux internationalistes. Cet exemple montre à quel point nous nous alignions sur les orientations politiques de Moscou souvent de manière aveugle.

Je pense aujourd'hui que la fondation d'Israël a permis de constituer une réelle société juive, ce qui est positif. Et puis, la gauche a joué un grand rôle dans le mouvement sioniste des années 1940 et 1950, et il y a eu des expériences intéressantes, comme les collectivités — les kibboutzim★. Mais je ne suis pas d'accord avec toutes les décisions politiques que prend le gouvernement israélien dans sa lutte contre les nationalistes palestiniens. C'est très décevant de constater que des gens comme les Juifs qui ont été opprimés et qui ont lutté pour leur propre libération puissent à leur tour devenir des oppresseurs, même si je sais bien que, sur le terrain, les choses sont beaucoup plus compliquées et qu'il est difficile de départager les « bons » et les « mauvais ». Si l'attitude des Israéliens envers les Palestiniens est souvent inacceptable, l'inverse est aussi vrai. La situation est très complexe.

*Vous avez été responsable de la section culturelle et artistique du Parti communiste pendant quelques années peu après 1950. Quelle était la place de l'art dans vos activités politiques ?*

Les arts me fascinaient, mais à vrai dire je ne suis pas très fier de ce que j'ai fait à l'époque… Le Parti édictait des prescriptions très strictes en matière d'art et je devais convaincre les artistes de se conformer au « réalisme socialiste » tel que défini par Zhdanov et Georg Luckas. Imaginez : alors que je n'avais en art aucune compétence, je faisais la leçon à des artistes talentueux dont certains sont aujourd'hui encore très actifs et même très connus… Je me rappelle avoir montré à un artiste d'ici la reproduction d'une affiche représentant Staline et Mao en lui disant qu'il devrait s'en inspirer. « Mais ce n'est pas de l'art ! » m'avait-il répondu.

*Un peu partout dans le monde, le Parti communiste fascinait et repoussait tout à la fois les artistes. Est-ce que beaucoup d'artistes du Québec ont adhéré au Parti communiste et accepté de se plier aux critères du réalisme socialiste ?*

Parmi le peu d'artistes qui ont adhéré au Parti ou se sont soumis à ses prescriptions, la majorité étaient juifs. Il faut dire que dans les années 1930 et 1940 les créations des peintres juifs d'ici exprimaient souvent leurs préoccupations sociales. Par ailleurs, nombre d'artistes étaient ce que l'on appelait des « compagnons de route », c'est-à-dire qu'ils sympathisaient avec la cause révolutionnaire sans toutefois prendre leur carte du Parti. Certains artistes étaient membres de sections secrètes du Parti communiste d'URSS dont même les membres réguliers du Parti ignoraient l'existence. Parmi ces compagnons de route, on trouvait des artistes aussi importants qu'Armand Vaillancourt, Robert Roussil et Marcelle Ferron. Ces artistes étaient à l'étroit dans le Québec très conservateur de l'époque. Ils se sentaient, malgré le rigorisme du Parti, des affinités avec les idéaux égalitaires et contestataires véhiculés par les communistes.

*Pouvez-vous nous expliquer dans quelles circonstances vous avez finalement quitté le Parti communiste ?*

Déjà, vers 1947, quelques événements avaient commencé à ébranler mes convictions. Alors que j'étais sur un bateau marchand qui transportait du grain en Angleterre, j'ai lu un livre qui était à l'index communiste, *Darkness at Noon* d'Arthur Koestler. Ce livre raconte comment le Parti communiste écrase l'un de ses membres les plus importants. Arrivé en Angleterre, un couple m'a pris en affection et m'a emmené vivre chez lui. Il était artiste, elle psychiatre. Cette femme était du Poale Zion. Nous avons discuté de ce livre et je me suis exclamé : « Cet homme est un écrivain remarquable, mais quelle malhonnêteté ! », ce à quoi elle a répondu : « Harry, je connais Arthur très bien et je sais qu'il n'est pas malhonnête ! » Cela m'a donné un choc ! Il y a eu d'autres incidents qui m'ont ébranlé, mais j'ai vraiment commencé à me méfier de l'URSS à la suite de rumeurs qui laissaient entendre que la vie — surtout pour les Juifs — n'y était pas si belle.

Il faut rappeler que l'URSS avait octroyé aux Juifs une région semi-autonome, le Birobidjan. Mon grand-père maternel et certaines de mes tantes furent parmi les premiers des 60 000 Juifs d'URSS à s'y établir. Il s'agissait en fait d'un territoire marécageux perdu à la frontière entre l'URSS et la Chine. Était-ce vraiment un cadeau ? Tout cela n'était pas très sérieux… Mais cela avait tout de même donné une première impression favorable concernant les rapports entre l'URSS et ses Juifs. Puis nos parents restés à Moscou et à Leningrad et membres du Parti ont commencé à nous demander de ne plus leur écrire, car ils risquaient d'être accusés d'espionnage s'ils recevaient des lettres en provenance de pays capitalistes. Au même moment, des articles de journaux paraissaient de plus en plus régulièrement au sujet des purges staliniennes de la fin des années 1930. On soupçonnait des médecins d'avoir voulu assassiner Staline. Or, tous ces médecins étaient juifs. À cette époque, un de mes oncles a été exécuté. Plus tard, au début des années 1950, ce fut au tour des communistes de Tchécoslovaquie de mettre sur pied des procès qui menaient à l'exécution de certains de leurs membres pour trahison ou espionnage. Or, il y avait un nombre étonnamment élevé de Juifs parmi les victimes. Tout cela ne semblait pas très cascher !

Tout de suite après l'annonce des purges, mon père a commencé à douter sérieusement de l'URSS et de Staline. Il se demandait : « Est-il vraiment possible que ces gens qui ont été mes camarades de lutte en Ukraine soient maintenant accusés de trahison ? » Mais ma mère, mon frère et moi restions fidèles. Je me méfiais des informations critiques au sujet de l'URSS véhiculées par des journaux capitalistes.

Lorsque Khrouchtchev a dévoilé son rapport très critique au sujet de Staline et de son règne pendant le XX$^e$ congrès du Parti communiste d'Union soviétique en 1956, de larges extraits ont été repris dans le *New York Times*. Mais même si je ne lui accordais pas la moindre crédibilité — il n'y a pas plus capitaliste que ce journal —, mes doutes se trouvaient confirmés. La crise a éclaté lorsque deux des membres de notre parti, Tim Buck et J. B. Salsberg, sont revenus d'URSS où ils avaient assisté à ce fameux XX$^e$ congrès. Le 14 octobre 1956, nous avons organisé une assemblée dans les locaux du Parti, alors situés au coin nord-est de l'avenue Mont-Royal et de l'avenue du Parc. Buck niait tout, mais Salzberg a admis que le *New York Times* disait vrai. J'ai quitté le Parti le lendemain avec cinq autres membres du comité exécutif provincial : Guy Caron, Ken Perry, Norman Nerenberg, Frank Arnold et Pierre Gélinas. Je claquais la porte non seulement parce que je prenais conscience du fait que le système communiste que j'idéalisais était antisémite, ce qui déjà aurait été un motif suffisant, mais également parce que je m'étais finalement rendu compte de la nature totalitaire du régime soviétique. Nous voulions bâtir une société communiste au Canada, mais il n'était pas question dans mon esprit d'instaurer un système totalitaire, ni de rester membre d'un parti à ce point contrôlé par Moscou.

Rétrospectivement, je peux affirmer que mon père a pris la bonne décision en quittant l'URSS dans les années 1920, car il aurait sans doute subi le même sort que les autres membres de notre famille qui sont restés là-bas et qui ont été tués lors des purges. Mon oncle, par exemple, était général et doyen de la faculté d'histoire militaire de l'Académie de Frounze qui formait les officiers de l'Armée rouge. Malgré cela, il a été liquidé. Et c'est en partie parce que ces gens étaient juifs qu'ils ont été victimes de répression. L'antisémitisme est très profondément ancré dans la plupart des pays d'Europe de l'Est, et encore plus spécifiquement au sein des mouvements nationalistes. Ce que je ne comprenais pas à l'époque, c'est que l'antisémitisme a également pris racine dans les mouvements révolutionnaires communistes qui sont devenus en quelque sorte des mouvements à tendance nationaliste et impérialiste. Ainsi, le Parti communiste d'Union soviétique militait activement pour une domination de la Russie et des Russes sur l'ensemble du territoire de l'URSS. Après la Seconde Guerre mondiale, cet impérialisme russe s'est étendu aux pays satellites du bloc de l'Est. Les mouvements nationalistes et impérialistes ont souvent besoin de boucs émissaires, et dès qu'il y avait des problèmes, les Juifs étaient montrés du doigt. Cette situation était d'autant plus absurde que les Juifs ont joué un rôle central dans la transformation de la Russie, de la Roumanie, de la Tchécoslovaquie et de la Hongrie. Ils ont occupé des postes très élevés dans la hiérarchie du Parti. Mais cela ne les a pas sauvés.

*Votre rupture avec la mouvance communiste a-t-elle été difficile ?*

Cela m'a certainement pris une vingtaine d'années avant de me sentir de nouveau bien dans ma peau. J'avais grandi dans une famille communiste et j'ai été moi-même membre du Parti jusqu'à l'âge de vingt-neuf ans. Cela signifie que lorsque j'ai coupé les ponts, tous mes idéaux mais aussi tout un réseau d'activités et d'amis me sont soudainement devenus étrangers. Il m'a fallu recréer des liens solides, repenser mes idéaux et mes valeurs. Pendant longtemps, j'ai souffert et j'ai eu peur de ne plus être capable de reconstruire de tels liens.

Et puis, être militant au sein du Parti communiste, c'était dans une certaine mesure être membre d'un groupe religieux. Quand vous honorez un culte, vous êtes entièrement habité par les valeurs qui vous sont imposées. Dernièrement, je suis allé avec un ami rendre visite à une amie qui avait également été membre du Parti. Lorsque nous sommes arrivés chez elle, nous avons découvert qu'elle respectait la cacheroute. C'était assez surprenant pour une ancienne communiste. J'ai eu l'impression que c'était comme si elle ressentait un besoin vital d'appartenir à un culte.

*Vous avez ensuite travaillé pour une entreprise de marketing. N'est-ce pas étonnamment contradictoire avec vos précédentes convictions ?*

Je devais gagner ma vie ! J'avais très peu d'instruction. Le fait que le Parti critiquait l'éducation bourgeoise m'avait donné une bonne excuse le jour où j'avais voulu quitter l'école. J'étais autodidacte, je lisais beaucoup, mais j'avais comme seules expériences de travail l'organisation syndicale et la rédaction d'articles dans des journaux communistes. J'ai voulu être journaliste, mais la *Gazette* et le *Montreal Star* m'ont bien sûr fermé leurs portes. Ils savaient bien que j'avais été communiste puisque j'avais connu certains des journalistes alors que j'étais au *Canadian Tribune*. Un ami de New York, qui était lui aussi un ancien communiste, avait mis sur pied une entreprise de recherche en marketing et il m'a proposé de travailler pour lui. Je me suis joint au groupe que j'ai fini par diriger. Ensuite, avec quelques collègues, j'ai fondé une revue théorique et j'ai enseigné le marketing au Sir George Williams College, aujourd'hui devenu l'Université Concordia. Grâce à mon expérience dans l'organisation, j'ai même travaillé comme directeur adjoint de Sam Steinberg, qui était alors président de la plus importante chaîne de supermarchés. Et puis j'ai découvert que le marketing est aussi un service, qu'il remplit une fonction sociale même si certains l'utilisent exclusivement pour s'enrichir. Mais je me sentais mal dans ma peau dans cette nouvelle vie et j'avais l'impression d'être un imposteur. Pire, tout cela m'ennuyait après des années de militantisme et de piquets de grève. Ma vie de communiste, même si elle reposait en partie sur une illusion, était passionnante.

*Comment avez-vous résolu l'impasse ?*

J'ai commencé à produire des films. C'était au début des années 1970, à ce moment-là je me suis de nouveau senti en paix avec moi-même : ce que je faisais n'éveillait plus de conflits internes. J'ai ensuite été très malade puis, dans les années 1980, un de mes amis m'a conseillé de poser ma candidature pour le poste de directeur général et artistique du Centre Saydie Bronfman. Ma candidature a été retenue et, pour la première fois de ma vie, je me suis engagé dans la communauté juive « officielle ». Je m'étais alors donné comme mandat de favoriser le plus possible la participation de la population générale à nos activités. Des démarches en ce sens avaient déjà été entreprises par mes prédécesseurs et j'ai décidé d'aller plus avant dans ce sens. J'ai par exemple organisé la première rencontre entre Michel Tremblay et Dora Wasserman, à l'époque directrice du théâtre yiddish. Cette rencontre a donné naissance plusieurs années plus tard à la version yiddish des *Belles-Sœurs*. Puis, j'ai été invité à travailler au sein d'un organisme qui est aujourd'hui devenu la Société de développement des entreprises culturelles (SODEC). Cela m'a permis d'entrer en contact avec la culture francophone. C'était pour moi une occasion exceptionnelle.

*Comment vous définiriez-vous ?*

Je suis canadien, québécois et je me sens tout particulièrement montréalais. Je suis né sur le Plateau Mont-Royal, j'ai habité dix ans à Châteauguay, quelques années à Montréal-Ouest, dans la rue Dufort près de chez René Lévesque, et je suis de retour sur le boulevard Saint-Joseph, au coin de la rue Saint-Urbain, dans le quartier où j'ai passé ma jeunesse. J'ai fait le tour du mont Royal, que je vois encore aujourd'hui par ma fenêtre. Je suis totalement enraciné ici.

Et je suis également juif, bien sûr. Je suis ce que je suis et je n'essaie jamais d'en sortir. Même si j'essayais, ce serait impossible. Mon héritage juif est culturel et politique, et il est très important. Mais je veux dépasser ces questions d'héritage, car si l'héritage culturel est quelque chose de beau et de merveilleux, c'est également une source de division. Il faut accepter l'héritage comme un cadeau, mais pas comme quelque chose derrière quoi on se réfugie, on se protège, on se cache.

*Existe-t-il un héritage des idéaux communistes dans la communauté juive d'aujourd'hui ?*

Ces événements dont je vous ai parlé sont aujourd'hui comme des fantômes. Il y a des gens âgés qui se réunissent le soir pour parler du bon vieux temps. Il faut dire aussi que beaucoup de Juifs ont changé de statut social, et cela a évidemment transformé leur mentalité, tout comme la création d'Israël, d'ailleurs. Quand j'étais jeune, mes héros étaient de grands artistes, des philosophes ou des scientifiques comme Albert Einstein. Avec la création d'Israël et les conflits dans lesquels cet État se trouve impliqué, les nouveaux héros sont des militaires. Cette situation a changé l'état d'esprit parmi les jeunes. Cela dit, il y a encore beaucoup de Juifs qui continuent de s'engager dans des causes sociales, comme la lutte contre la mondialisation. Les gens s'expriment différemment car les enjeux sont différents, mais les Juifs sont encore là. Cependant, à l'intérieur de la communauté juive, ces luttes n'ont plus leurs racines au sein de grandes organisations de gauche. À ma connaissance, il n'y a plus d'organisations de gauche juives…

# Alexander Werzberger

Juifs orthodoxes et juifs hassidiques — les hassidim
à Montréal — les hassidim et Israël — dynasties
et rebbes hassidiques — les hassidim et la politique
au Québec — l'éducation des garçons et des filles —
les synagogues — et New York...

*O*riginaire d'Europe centrale, Alex Werzberger fait partie de la communauté hassidique et est depuis longtemps installé à Outremont. En plus de l'entreprise de construction immobilière qu'il gère, Alex Werzberger est fondateur et directeur de la Coalition d'organisations hassidiques d'Outremont (COHO). L'organisme est situé rue Bernard, à Outremont. Aux murs de la réception des bureaux de cet organisme sont fixées des affiches des programmes d'aide à l'emploi et à l'investissement du gouvernement du Québec. C'est que si la COHO s'occupe de questions culturelles, elle s'occupe également d'immigration et offre des services visant à faciliter la recherche d'emploi et à soutenir la création ou le développement d'entreprises, en collaboration avec les gouvernements fédéral et provincial.

Alex Werzberger est un homme d'exception dans la communauté hassidique en raison de son activité politique. En plus d'assumer la direction du COHO, il fait partie de l'exécutif du Congrès juif canadien section Québec. Le Congrès juif canadien existe depuis 1919. Au début, il servait d'intermédiaire entre le gouvernement et la communauté juive. Alex Werzberger est le premier membre d'une communauté hassidique à siéger au comité exécutif du Congrès juif canadien.

*Quelle différence y a-t-il entre les Juifs hassidiques et les Juifs ortho-doxes ?*

Les hassidim font aujourd'hui partie intégrante de la mouvance orthodoxe, ce qui n'a pas toujours été le cas : beaucoup de Juifs se sont farouchement opposés au mouvement hassidique lorsqu'il est apparu en Europe centrale au XVIII<sup>e</sup> siècle. Le mouvement hassidique naissant cherchait alors à établir une approche émotive et sensible du judaïsme, axée principalement sur la prière, ce qui allait à l'encontre de l'approche orthodoxe de l'époque qui était très intellectualisante et qui se préoccupait de l'étude des textes. Ce sont des rebbes (maîtres) ou tzaddik (justes) qui ont lancé le mouvement hassidique. Ils ont joué un rôle de leader car ils étaient considérés comme des sages. On les appelait les hassidim, ce qui signifiait les justes. Au fil des ans, ces rebbes ont inauguré des dynasties auxquelles étaient associées autant de communautés hassidiques distinctes, quoique similaires sur de nombreux points. Les gens vivaient alors dans des communautés plutôt fermées puisqu'ils naissaient et mouraient presque toujours dans le même petit village, ce qui a favorisé d'autant l'évolution en parallèle des diverses communautés hassidiques. Contrairement à une idée largement répandue, les hassidim ne forment pas un tout homogène et chaque groupe gravite autour d'un rabbin qui privilégie une doctrine qui lui est propre. À l'origine, il y avait des différences d'orientation assez marquées entre les groupes, certains adoptant par exemple une approche religieuse plus intellectualisante et d'autres préconisant une approche plus mystique.

Toutefois, les communautés hassidiques ont été transformées par suite des chambardements politiques qui se sont produits en Europe centrale, principalement la Seconde Guerre mondiale et l'Holocauste. Nombreux sont ceux qui ont alors fui leurs villages pour aller se réfugier à New York ou à Montréal. Déracinés, les hassidim s'y sont entraidés sans se soucier outre mesure de leur filiation d'origine et ils ont commencé à se considérer comme les membres d'un seul et unique groupe, même s'ils venaient de communautés distinctes. Les différences entre les tendances ne sont donc plus aussi prononcées aujourd'hui qu'il y a un siècle.

Quant aux frictions avec les autres orthodoxes, elles se sont atténuées au point qu'il est maintenant parfois difficile de distinguer les uns des autres. Les orthodoxes et les hassidim partagent la croyance selon laquelle la Torah★ a directement été transmise par Dieu à Moïse sur le mont Sinaï ; elle est jugée inviolable pour cette raison. Tous les orthodoxes — dont les hassidim — observent les six cent treize commandements que contient la Torah. Ces commandements régissent tous les aspects de la vie et les orthodoxes s'y réfèrent en tout temps pour encadrer leur mode de vie dans ses moindres détails. Même sur le plan vestimentaire, les hassidim et les orthodoxes respectent des codes similaires ; seul le port du streimel — le large chapeau noir des hommes — et des papillotes distinguent les hassidim des orthodoxes non hassidiques. Ce code vestimentaire permet de se rappeler en tout temps que Dieu est présent au-dessus de nous, mais il souligne aussi notre choix d'observer un mode de vie traditionnel au sein d'une société moderne. Ce code vestimentaire si singulier aide également à maintenir la cohésion du groupe. Les hassidim s'habillent donc de façon radicalement distincte pour obéir aux commandements divins et parce qu'ils estiment qu'ils pourront ainsi mieux préserver leur identité et prévenir l'assimilation de leurs enfants.

Ce désir d'établir des frontières sociales et culturelles claires afin de protéger les valeurs et les traditions et d'en faciliter la transmission aux générations futures a été renforcé par l'expérience traumatisante de la Seconde Guerre mondiale. Les hassidim d'Amérique du Nord sont souvent eux-mêmes d'anciens prisonniers des camps de concentration qui ont ensuite été des « personnes déplacées », c'est-à-dire des réfugiés dans les camps mis en place par les Alliés tout de suite après le conflit en Europe. Les plus jeunes sont des descendants directs des survivants de l'Holocauste. Dans tous les cas, un Juif hassidique a au moins un membre de sa famille — mais souvent plusieurs — qui a été assassiné par les nazis, que ce soit un grand-parent, le père ou la mère, un oncle ou une tante, etc. Le traumatisme est donc marqué, et l'on comprend qu'il existe chez les hassidim d'Amérique du Nord une très forte volonté de célébrer la victoire contre les exterminateurs et surtout d'assurer la continuité en préservant la mémoire de cette vie d'avant la catastrophe.

*Parlez-nous plus précisément des divers groupes hassidiques de la région montréalaise.*

Il y a environ de 25 000 à 35 000 Juifs hassidiques au Canada, dont 20 000 dans la région montréalaise. À Outremont, on trouve des Belz, des Bobov, des Klausenburg, des Munkacs, des Satmar, des Skver et des Vishnitz. On compte aussi des Lubavitch dans le quartier Snowdown et les Tasher à Boisbriand. Les différentes congrégations portent le nom de leur village d'origine en Pologne, en Hongrie, en Roumanie, en Russie ou en Tchécoslovaquie. Tous viennent du même coin de l'Europe même si l'énumération de ces pays laisse entendre qu'il y avait à l'origine une grande dispersion géographique. En effet, les tracés des frontières changeaient alors très souvent, et c'est ainsi que le village dans lequel je suis né s'est retrouvé au gré des découpages des frontières en Hongrie, en Roumanie, en Russie et en Tchécoslovaquie.

Encore aujourd'hui, tous les membres d'une même congrégation vivent dans le même quartier. Et comme nous sommes
très visibles, cela indispose certains de nos voisins. Or, si nous
vivons si proches les uns des autres, c'est à la fois pour des raisons
culturelles et pour des questions d'ordre pratique. Du point de
vue religieux, il importe pour nous de vivre regroupés pour
assurer l'intégrité de nos particularités culturelles et religieuses,
et pour être à proximité des commerces qui vendent de la nourriture cascher et à distance de marche de la synagogue, d'autant
plus que nous devons souvent y aller à pied puisque nous
n'avons pas le droit de conduire de véhicule le jour du Shabbat★.
Du point de vue pratique, nous aimons comme tout le monde
vivre près de l'école que fréquentent les enfants, près de nos
parents et de nos amis, etc. Il ne faut donc pas chercher une
explication religieuse lorsque l'on tente de comprendre tous les
choix et toutes les actions de tel ou tel groupe hassidique. Ainsi,
les Tashers qui sont allés s'installer à Boisbriand l'ont fait pour les
mêmes raisons que les milliers de Montréalais qui décident de
déménager dans les banlieues : ils pensent pouvoir y trouver des
logements plus grands et moins chers situés dans un environnement plus calme qu'à Montréal.

Tous ces groupes hassidiques de la région montréalaise viennent plus ou moins de la même région d'Europe. Je suis moi-
même de la communauté Satmar, mais si j'entrais dans la synagogue d'un autre groupe, je m'y retrouverais comme si j'étais
dans ma synagogue d'appartenance. L'État d'Israël est le seul
véritable sujet qui divise actuellement les groupes hassidiques.

*De quelle nature sont ces divergences concernant Israël ?*

Selon la tradition juive, tout ce qui arrive au peuple juif est
déterminé par la volonté de Dieu. Il est dit qu'un jour le Messie
ramènera le peuple juif en terre d'Israël, sa terre d'origine. En
aucun cas il ne nous est permis de lever une armée pour prendre
de force le pays. Bien sûr, il y a toujours eu une présence juive en

Israël depuis deux mille ans, c'est-à-dire depuis la seconde destruction du Temple et la dispersion du peuple juif. Cette terre est un endroit symboliquement très chargé et très important pour les Juifs, mais nous ne sommes pas autorisés à constituer un État juif par la force avant le jour de l'arrivée du Messie que Dieu seul peut choisir. Maintenant que l'État d'Israël a été néanmoins fondé, certains hassidim acceptent une sorte de compromis, estimant qu'il faut reconnaître l'État israélien et se joindre à ceux qui tentent d'encourager les Juifs à retourner en Israël. Pour ma part, je ne suis pas d'accord avec les sionistes, car je considère qu'ils ne suivent pas la volonté de Dieu.

Cela dit, je suis tout de même allé en Israël et j'y ai vécu des émotions très intenses : j'ai visité les endroits au sujet desquels j'ai lu toute ma vie et qui sont si importants dans ma culture. Mais la situation est actuellement terrible au point que je n'aurais pas envie d'y vivre ni d'y envoyer mes enfants. Je vis ici, je suis bien ici. Mon fils a vu un autobus exploser en face de son école alors qu'il étudiait en Israël. C'est une expérience traumatisante ! À son retour, je ne l'ai plus laissé repartir là-bas.

*N'y a-t-il pas une autre divergence entre certains groupes hassidiques au sujet cette fois de la conversion, les Lubavitch allant même jusqu'à recruter activement de nouveaux membres alors que les autres groupes hassidiques sont plutôt contre la conversion ?*

C'est vrai, les Lubavitch pratiquent une sorte de prosélytisme autant chez les Juifs que chez les non-Juifs. Il y a même une blague populaire qui dit que dans chaque ville du monde on peut trouver du Coca Cola et un rabbin Lubavitch ! Les Lubavitch désirent faire du prosélytisme car il s'agit pour eux de participer activement au tikkun, c'est-à-dire à la Rédemption. Mais en général, cette pratique n'est pas très bien vue des autres groupes hassidiques sachant que les textes sacrés du judaïsme n'encouragent pas le prosélytisme. Cela dit, nous recevrons à bras ouverts quelqu'un qui vient vers nous et veut se convertir, puisqu'il est dit dans la Bible : « Accepte le converti et donne-lui tous les privilèges d'un Juif, et même plus qu'à un Juif. » Un converti est tout simplement juif et sa vie d'avant sa conversion n'existe plus pour nous. Pour marquer cette rupture avec son passé, la personne qui se convertit reçoit un nom juif, habituellement Abraham pour un homme et Sarah pour une femme.

*Qui est Moshiah dont on voit la photographie tous les ans sur de grands panneaux publicitaires ?*

Moshiah était un rabbin Lubavitch à qui plusieurs reconnaissaient un supplément d'âme et des qualités exceptionnelles. Certains d'entre eux ont voulu reconnaître en lui le Messie. Il faut préciser ici que les hassidim croient que le Messie ne sera pas un envoyé du ciel mais qu'il se révélera dans un être humain qui devra jouer ce rôle de Messie. Chaque génération a son personnage un peu extraordinaire à propos duquel plusieurs se disent que si le Messie devait être à ce moment incarné sur terre, ce serait certainement lui. C'est ce qui est arrivé avec Moshiah, mais comme d'habitude cela n'a pas fait l'unanimité. Depuis sa mort en 1992, un groupe s'est formé parmi les Lubavitch qui œuvre pour le faire reconnaître comme Messie par l'ensemble de la population. Mais ces campagnes « publicitaires » ne suffisent apparemment pas à gagner l'adhésion de l'ensemble des hassidim et des orthodoxes.

*Vous avez parlé de « dynasties » chez les hassidim. Est-ce que les rebbes d'aujourd'hui sont les descendants directs des rebbes fondateurs ?*

Avant la Seconde Guerre mondiale, le successeur d'un rebbe était en effet choisi parmi ses fils. Celui qui devenait rebbe n'était pas nécessairement l'aîné, mais bien celui qui était jugé le plus apte à prendre la relève. Mais des familles entières ont disparu pendant cette guerre catastrophique et des lignées dynastiques ont été brutalement interrompues. Il a alors fallu choisir les successeurs au sein d'une poignée de survivants. Il est malheureusement plus difficile de trouver des successeurs de qualité lorsque seulement 5 % ou 10 % de la communauté n'a pas été exterminée... Les gens se sont donc regroupés autour d'une personne qui incarnait à leurs yeux la continuité, quelle que soit sa valeur propre, et ces successeurs n'ont pas toujours été de véritables leaders charismatiques. Cependant, nous ne vivons plus comme jadis isolés dans de petits villages où il n'y avait qu'une seule synagogue et un seul rabbin pour toute la communauté. Les gens ont donc la possibilité de changer de synagogue et de rabbin s'ils considèrent que le leur ne leur convient pas.

*Chez les Juifs non hassidiques, on parle de rabbin, chez les hassidim, de rebbe. Quelle est la différence entre ces deux titres ?*

Le rebbe désigne spécifiquement un leader hassidique, mais les noms « rabbin » et « rebbe » ont la même racine, soit *rabbi,* qui signifie « enseignant », « professeur », « maître ». « Rebbe » et « rabbin » sont deux mots qui évoquent l'enseignement et la sagesse. À l'origine du mouvement hassidique, chaque groupe issu d'un même village n'avait qu'un rebbe. Maintenant que les groupes sont dispersés, nous utilisons les deux mots pour distinguer le leader principal d'un groupe hassidique, qu'on appelle le rebbe, du leader de chaque synagogue, qu'on appelle le rabbin. Chaque synagogue a son propre rabbin, tout comme chaque église a son curé. Ainsi, il y a un rabbin Satmar pour chaque synagogue Satmar, mais un seul rebbe qui vit à New York pour l'ensemble des Satmar. Quand notre famille est arrivée ici, par exemple, mon père, son cousin et son voisin venaient tous d'Europe, et ils ont fondé une synagogue Satmar car leur rabbin venait de cette mouvance.

*Pourquoi avez-vous décidé de vous lancer en « politique » en fondant la Coalition d'organisations hassidiques d'Outremont ?*

La communauté hassidique est très bien organisée : nous avons des tribunaux rabbiniques qui règlent les disputes internes, les divorces et même certains délits civils ; nous avons également des institutions financières qui octroient des prêts sans intérêts. Mais nous n'avions pas d'organismes assurant le relais entre la communauté et les institutions politiques du reste de la société. Pourquoi ? Parce que notre expérience de la persécution et de l'antisémitisme officialisés en Europe nous avait appris à n'entrer en contact avec les autorités politiques qu'en cas d'extrême nécessité. Contrairement à ce que pensent nombre de personnes, l'antisémitisme officiel existait un peu partout en Europe centrale et en Europe de l'Est bien avant l'arrivée des nazis au pouvoir en Allemagne. En Pologne au XIX<sup>e</sup> siècle, par exemple, les Juifs se disaient lorsqu'ils voyaient arriver un policier : « Au pire, il vient nous tuer ; au mieux, nous battre et tout nous prendre. » Quant à moi, j'avais neuf ans quand je suis arrivé ici après la Seconde Guerre mondiale et je savais que tous les enfants de moins de quinze ans avaient été tués dans les camps nazis. C'est d'ailleurs pour cela qu'il n'y a presque aucun Juif hassidique de mon âge. On comprendra que cette expérience de l'antisémitisme a laissé de profondes cicatrices. Même après notre arrivée en Amérique du Nord, il a fallu des années pour comprendre que la culture y était différente et qu'on pouvait établir des contacts avec les politiciens sans courir d'énormes risques.

L'engagement politique des hassidim au Québec était au début d'autant plus compliqué que pratiquement aucun membre de la communauté ne parlait français, ce qui ne facilitait pas les relations publiques avec les journalistes ou les politiciens. Je suis l'un des rares de ma génération à parler français parce que j'ai séjourné à Paris avant d'arriver à Montréal, alors que la plupart des hassidim sont arrivés directement d'Europe centrale dans un Québec où, jusque dans les années 1950, l'école française était interdite aux enfants qui n'étaient pas catholiques. Même si je me suis moi-même retrouvé dans une école anglophone, j'ai conservé une ouverture envers la langue française, et cela m'a permis de bâtir petit à petit des relations entre la communauté hassidique et les gouvernements.

Mais il faut beaucoup de motivation pour persévérer en politique en tant qu'hassidim au Québec, car la présence d'un Juif — hassidique de surcroît — n'est pas toujours bien acceptée dans les organisations et les institutions publiques. Il faut souvent travailler avec un peu plus d'acharnement que les autres pour s'y faire une place. J'ai tout d'abord réussi à être nommé au conseil d'administration du CLSC d'Outremont (qui n'existe plus maintenant), puis j'ai été encouragé par des membres de ma communauté à pousser mon engagement plus à fond… Et comme j'ai une personnalité peu timide et plutôt entreprenante, j'ai continué à faire ce que personne d'autre n'avait fait jusqu'alors dans notre communauté.

*Quel intérêt portent les Juifs hassidiques à la politique canadienne et québécoise ?*

Les hassidim vont massivement voter lors des élections. Quand une élection provinciale se prépare, il n'y a pas de discussion au sein de la communauté pour la simple et bonne raison que personne ne vote pour le Parti québécois. Avant les élections fédérales, par contre, les débats sont animés. On discute politique dans les synagogues et les clubs sociaux, et certains votent pour les libéraux, d'autres pour les conservateurs, d'autres encore pour les néo-démocrates. Cependant, on ne parle de politique que lorsqu'il y a des enjeux qui touchent directement à la communauté et l'on préfère se concentrer sur le fonctionnement interne du groupe, ce qui demande déjà beaucoup d'énergie.

*Pourquoi les hassidim ne votent-ils pas pour le Parti québécois ?*

Tous les mouvements nationalistes ont un jour ou l'autre exprimé une haine des étrangers en général et des Juifs en particulier. On ne sera dès lors pas surpris que les Juifs soient méfiants à l'égard du PQ. Cela dit, nous ne remettons pas en question le droit des Québécois d'avoir un pays souverain. Nous ne disons pas non plus que le PQ va mettre tous les Juifs dans des fours pour les brûler ! Et tous les Juifs ne vont pas fuir le Québec s'il devient indépendant. Mais les Juifs ont peur de tout mouvement nationaliste, que ce soit au Québec ou ailleurs, et il est donc normal que nous observions attentivement l'évolution de la situation.

*Et que pensez-vous des politiques linguistiques au Québec ?*

Les Juifs de Côte-Saint-Luc sont embarrassés par ces politiques linguistiques car ils ont en majorité l'anglais comme langue maternelle. Mais les hassidim d'Outremont et du Mile-End se soucient peu de ces lois puisque nos langues maternelles sont le yiddish et l'hébreu et que l'anglais et le français sont de toute façon nos troisième et quatrième langues. Les politiques linguistiques ne nous affectent donc pas particulièrement. Nous enseignons le français à nos enfants dans nos écoles depuis des années. Deux de mes filles ont reçu une bonne partie de leur enseignement en français, ce dont je suis très heureux d'ailleurs.

*Quelles sont les différences dans les programmes d'éducation s'adressant aux garçons et aux filles dans la communauté hassidique ?*

Les garçons reçoivent deux heures par jour d'enseignement portant sur des matières laïques : géographie, histoire, mathématiques, etc., mais ils se consacrent principalement aux études religieuses de l'âge de cinq ou six ans environ jusqu'au début de la vingtaine. L'enseignement vise à leur donner en priorité une connaissance générale de l'ensemble de la littérature sacrée, une œuvre immense qui justifie de longues années d'étude. Cette littérature comprend la Torah, le livre saint ; le Talmud★, c'est-à-dire les lois ; l'œuvre complète des commentateurs les plus importants de la Torah et du Talmud ; et l'histoire juive. Le Talmud régit tous les comportements quotidiens du Juif orthodoxe. L'enseignement général de base que suivent tous les garçons doit leur permettre de devenir autonomes dans l'observance des commandements et savoir où, dans le doute, trouver les réponses appropriées. Comme partout ailleurs, évidemment, certains sont brillants, certains sont des cancres… Au terme de ces études, la plupart se marient, mais certains font des études plus approfondies en vue notamment de devenir rabbins.

Les filles, de leur côté, suivent le programme du ministère de l'Éducation du Québec, auquel s'ajoutent des cours d'histoire juive, d'études saintes et de langues. Après le secondaire, elles ont la possibilité de s'engager pour une ou deux années d'études supérieures dans une yeshiva d'ici, d'Israël ou d'ailleurs. J'ai, par exemple, envoyé une de mes filles à New York et une autre à Londres. Parmi les orthodoxes, certains jeunes vont à l'université acquérir une formation de médecin, d'avocat ou de comptable, mais c'est l'exception chez les hassidim.

*Et quel est votre rapport avec la synagogue ?*

Concrètement, nous devons nous rendre à la synagogue deux fois tous les jours. Encore une raison valable pour habiter tout près ! Pendant les jours ordinaires, chacun s'y rend une fois en début de journée et une fois en fin de journée, mais à des heures variables selon ses obligations. Les célébrations des jours ordinaires n'exigent pas la présence d'un rabbin et il suffit d'une assemblée de dix hommes — ce qu'on appelle un minyan — pour pouvoir célébrer l'office qui comprend la lecture du jour et les prières rituelles. Chacun prend à son tour la responsabilité de faire la lecture. Les femmes ne sont pas soumises à l'obligation de se rendre tous les jours à la synagogue et elles sont libres de régir comme elles l'entendent leur fréquentation de la synagogue. La plupart d'entre elles assistent aux célébrations du jour du Shabbat et des fêtes pendant lesquelles le rabbin transmet son enseignement.

*Le Talmud est commenté et discuté depuis des siècles. Existe-t-il encore des commentateurs importants qui écrivent aujourd'hui ?*

Oui, des exégètes publient encore des commentaires, mais il commence à être de plus en plus difficile de développer un point de vue original… D'ailleurs, personne ne parvient plus aujourd'hui à connaître l'ensemble des textes et des commentaires, le tout correspondant à plusieurs milliers de livres. Le programme d'enseignement général s'appuie surtout sur des commentaires classiques d'environ dix à quinze grands auteurs, dont le plus important est Rashi, qui a vécu en France au Moyen Âge. Chacun peut cependant aller explorer l'œuvre de divers commentateurs, qu'ils soient anciens ou contemporains.

*Quels sont les chants que l'on entend dans les ruelles du Mile-End pendant le temps des Sukkot ?*

Nous ne chantons pas uniquement à l'occasion de la fête des Sukkot, mais bien tous les jours et à chaque repas. Si vous entendez nos chants durant les Sukkot, c'est simplement que nous prenons nos repas dehors. Cette fête commémore l'exode du peuple juif dans le désert. Le récit de l'exode dit que, pendant quarante années, la foule en déplacement était suivie d'un nuage qui la protégeait du soleil. En évoquant ce récit, nous construisons à l'extérieur de nos maisons un abri de fortune dont le toit est fait de branchages qui nous protège tout en nous permettant de voir le ciel et dans lequel nous prenons tous nos repas. Les chants sont des chants traditionnels religieux. Chacun puise dans un vaste répertoire les chants qu'il préfère. Il s'agit souvent de textes anciens qui sont repris avec différents airs, différents styles, selon les lieux d'où les gens sont originaires ou leurs préférences musicales.

*Quels sont les liens qu'entretiennent les Juifs hassidiques du Québec avec New York ?*

Il existe des liens familiaux, religieux et commerciaux. Je vais quant à moi de dix à quinze fois par année à New York car j'y ai des enfants, des cousins et des oncles, et toute la famille de ma femme y habite. Du point de vue religieux, 90 % des membres de la communauté Satmar vivent à New York ou dans les environs, dont le rebbe Satmar lui-même. Les Satmar de Montréal se sentent donc intimement liés à New York. Les relations commerciales sont également importantes car les communautés hassidiques d'ici produisent beaucoup de marchandises que nous vendons là-bas. En cela, nous participons à un mouvement plus général de l'économie québécoise dont la majorité des produits manufacturés sont exportés vers les États-Unis. Les fabricants hassidiques de Montréal sont donc semblables à n'importe quel fabricant québécois.

*Vous avez participé au film documentaire* Bonjour Shalom *de Gary Beitel. Qu'avez-vous pensé de cette expérience ?*

C'était la première fois que la communauté hassidique acceptait de participer à ce type d'initiative. Beitel a veillé à travailler en collaboration avec la communauté. Il nous a consultés et a pris le temps de nous laisser lire le scénario. Bien sûr, il y a eu des mécontents mais pas de controverse. En général, les gens ont bien reçu le film. Pour ma part, je suis content de ce film. De tels gestes sont importants car ils permettent de démystifier le mode de vie de groupes minoritaires et ainsi de contribuer à diminuer le racisme qui, très souvent, repose simplement sur de l'ignorance. Et je sais que ce film a eu un impact. Un jour, je me suis arrêté dans un kiosque sur le bord d'une route de campagne pour acheter des fruits et un jeune garçon qui y travaillait m'a interpellé : « Monsieur, je vous connais ! m'a-t-il dit. J'ai vu *Bonjour Shalom*. » J'ai appris ce jour-là que le film était vu dans des cours au cégep, ce qui n'est pas négligeable. Ce jeune ou d'autres comme lui n'avaient peut-être jamais vu de Juifs hassidiques et ils ont pu, grâce à ce film, élargir leur compréhension de la diversité de la culture au Québec èt au Canada. Ils ont pu aussi se rendre compte que nous ne sommes pas très différents d'eux malgré notre tenue vestimentaire : nous vivons, nous allons à l'école, nous tenons un commerce…

*Vous identifiez-vous comme montréalais, québécois ou canadien ?*

Je suis un Juif montréalais, québécois, canadien. Je vis à Montréal depuis cinquante-deux ans, j'aime Montréal. Mais je me déplacerai et je m'identifierai à un autre pays et à une autre ville si une catastrophe arrive ici et que je sois forcé de déménager. Où que je vive, je resterai toujours juif.

# Yolande Cohen

Les Juifs du Maroc au Québec — un retour
à la religion — les sépharades et le nationalisme —
l'histoire des Juifs au Maroc — les sépharades
en Israël — sépharades et ashkénazes —
les femmes — continuité ou fragmentation

*N*os recherches sur l'histoire des Juifs sépharades au Québec nous ont menés à Yolande Cohen, professeure d'histoire à l'Université du Québec à Montréal et spécialiste de l'histoire des femmes au Québec, dont la réputation n'est plus à faire. Nous avions déjà lu certains de ses textes dans ce dernier domaine, mais nous avons découvert tout un autre pan de ses activités de recherche. Au moment où nous l'avons rencontrée, elle venait de lancer, en collaboration avec Joseph Y. Lévy, un cédérom, fruit de cinq années de travail sur l'histoire et la culture sépharades, traitant plus spécifiquement du Maroc (Les Juifs du Maroc, entre tradition et modernité, paru en 2000). Elle-même d'origine marocaine, arrivée à Montréal en 1975, Yolande Cohen possède à la fois une connaissance historique et une expérience intime du mouvement migratoire des Juifs marocains vers le Québec. L'entrevue présentée ici permet de cerner globalement les enjeux sociaux, politiques et économiques qui entourent cette migration en amont comme en aval.

Parmi les publications de Yolande Cohen, plusieurs portent sur les Juifs, dont Juifs marocains à Montréal, écrit en collaboration avec M. Berdugo Cohen (VLB éditeur, 1987), et Itinéraires sépharades : l'Odyssée des Juifs sépharades de l'Inquisition à nos jours, en collaboration avec Joseph Y. Lévy (Éditions Grancher, 1992).

*Jusque dans les années 1960, la communauté juive montréalaise est*
*en très grande majorité composée de Juifs ashkénazes, c'est-à-dire*
*originaires d'Europe centrale ou de l'Est. À la fin des années 1960*
*et au cours des années 1970, un grand nombre de Juifs sépharades*
*— soit d'Afrique du Nord — arrivent au Québec, principalement*
*du Maroc. Comment se passe leur adaptation ?*

Tout d'abord, il faut dire que les Juifs ne se considéraient pas
comme tels au Maroc : c'est en émigrant qu'ils ont acquis le qua-
lificatif de sépharades. Cela s'est sans doute fait pour intégrer une
identité plus large et englober les Juifs originaires des autres pays
(Liban, Tunisie, Algérie, etc.) au sein de ladite communauté juive.
D'ailleurs, il faut aussi préciser qu'il y a deux identités distinctes
au sein du sépharadisme : l'une hispanophone, l'autre francophone. Quant à l'adaptation de ces nouveaux émigrés, tout
dépend de l'âge de la personne à son arrivée. Distinguons trois
groupes d'âge : les plus vieux sont généralement les grands-
parents du groupe le plus important numériquement, constitué
d'individus dans la force de l'âge. Enfin, les plus jeunes, soit les
enfants des membres du deuxième groupe.

Les plus vieux sont arrivés au Québec pour suivre leurs
enfants et leurs petits-enfants. Ils ont donc accordé la priorité
aux liens familiaux. Déracinés à soixante ans et plus, ils ont ressenti l'immigration comme un véritable exil et ils ont souffert
d'une terrible nostalgie. La situation est fort différente pour leurs

enfants qui arrivent ici célibataires ou nouvellement mariés, après avoir choisi d'émigrer, entraînant souvent leurs familles élargies avec eux. La plupart d'entre eux sont attirés par les promesses économiques de l'Amérique et ils pensent trouver moyen de s'intégrer à la société québécoise grâce à leur dynamisme et à leur travail. Côté communautaire, ils découvrent en arrivant ici tout ce qu'il leur faut en ce qui a trait à l'affirmation identitaire. Ils désireront rapidement se distinguer des Juifs ashkénazes qui occupent alors tous les échelons des organismes communautaires juifs qu'ils ont mis sur pied. Les Juifs sépharades créeront donc leurs institutions communautaires francophones pour pouvoir établir leur propre statut et leur notabilité, ainsi que pour transmettre leur identité à leurs enfants (les rituels religieux dans leurs synagogues, les écoles juives francophones avec l'école Maïmonide, des centres de loisir séparés, etc.). Bref, tout ce qui contribue au maintien d'une identité juive marocaine et sépharade sera mis en œuvre. Mais c'est la présence de fortes institutions juives à Montréal qui marque de son empreinte l'identité des jeunes et leur culture.

La nature des rapports entre le Québec et le Canada, et plus précisément entre francophones et anglophones, a aussi influencé les autres choix identitaires des sépharades. Lorsque la plupart d'entre eux arrivent dans les années 1970, l'identité québécoise est en pleine mutation ; on cherche à rompre avec l'identité de colonisé en même temps qu'on revendique une reconnaissance. Les Juifs marocains, sortant eux-mêmes du monde colonial français au Maroc, trouvent difficile de s'associer à cette identité de colonisé, peu réjouissante. L'identité canadienne apparaît pour sa part comme floue et lointaine. Entre une identité québécoise de victime et une identité canadienne mal définie, la jeune génération a voulu rêver au multiculturalisme dont Pierre Elliott Trudeau vantait les mérites à l'époque et qu'ils interprétaient comme un cosmopolitisme dont ils se croyaient porteurs. Comme la génération des baby-boomers, dont ils sont en majorité issus, ils ont alors voulu se définir un rôle propre, et cela les a poussés à reconsidérer leurs identités juives marocaines (hispanique, berbère, arabe, etc.). Pour certains, l'unique constante de cette identité est religieuse : cela a provoqué un retour vers le religieux de nombre d'entre eux, surtout chez les plus jeunes générations, chez ceux qui sont arrivés ici en très bas âge. Pour d'autres, actifs dans les organismes communautaires, cela les a conduits à renforcer leur identité plurielle comme Juifs vivant au Canada, à travers un engagement dans les campagnes d'appui à Israël, le développement de cercles d'études juives francophones, etc. En conséquence, les sépharades cherchaient de cette façon à contribuer à la mosaïque québécoise en tant que membres d'un groupe spécifique, plutôt qu'en s'« adaptant » ou en s'« intégrant ».

*Vous nous parlez de cette jeune génération que le désir d'affirmer une identité distincte a amenée à renouer avec une pratique religieuse. Comment cette génération interagit-elle avec la jeune génération québécoise d'origine franco-catholique qui a rejeté fortement son identité religieuse ?*

Ce retour au religieux, qui doit être distingué de la recherche de la spiritualité ou de l'affirmation identitaire, même s'il en emprunte le langage, est un phénomène général tangible dans les sociétés occidentales, et plus particulièrement en Amérique du Nord. En cela, ce que vit la jeune génération juive marocaine correspond à ce qui est vécu à l'échelle de la société occidentale ainsi qu'au Québec. Notons que c'est le retour à une religion dogmatique qui peut créer des frictions, voire des déchirements, même à l'intérieur des familles, car les générations précédentes, malgré qu'elles soient assez pratiquantes en général, ne prônent pas nécessairement ce type de pratique religieuse extrême.

*Où les jeunes sépharades qui renouent avec une pratique d'observance stricte puisent-ils leur inspiration religieuse ?*

Les Juifs d'origine marocaine cherchent à renouer avec leur tradition religieuse la plus authentique, de même qu'avec celle de certains Juifs orthodoxes d'Europe. On trouve chez ces derniers de nombreux maîtres radicaux, voire intégristes. Toutefois, il faut mentionner la volonté de réactualiser la pensée religieuse dans toutes les religions monothéistes, mises à mal par les appels messianiques et millénaristes de certains fanatiques. Chez les ashkénazes les moins orthodoxes, on constate une volonté de renouveler la charge spirituelle de la pratique du judaïsme en introduisant des rituels plus modernes ou même carrément inspirés d'autres religions. Du côté sépharade, on voit aussi apparaître de nouveaux rituels avec des groupes d'études juives où l'on étudie les mystiques juifs ou les écrits kabbalistiques, par exemple. On observe également quelques ajouts inspirés des traditions hassidiques.

*Comment expliquez-vous cette affinité avec le hassidisme ?*

Dans le Maroc des années 1930, certaines congrégations hassidiques faisaient du prosélytisme de manière très active. Les jeunes en quête d'identité y étaient particulièrement sensibles. Le hassidisme est donc présent dans les mémoires. De plus, il propose un environnement communautaire tissé serré et un mysticisme très fort, ce qui répond bien aux attentes des jeunes Marocains qui désirent édifier une identité religieuse solide. Il existe aussi une autre explication, conséquence du rapport de pouvoir entre l'Orient et l'Occident. Les textes des grands penseurs juifs marocains ont été pratiquement éliminés du corpus traditionnel. La culture religieuse sépharade est en quelque sorte colonisée par la culture religieuse ashkénaze et, comme toute culture colonisée, elle a intériorisé le mépris du colonisateur à son égard. Les gens qui apparaissent comme les porteurs de l'interprétation la plus intéressante sont donc des kabbalistes européens ashkénazes. Mais cela n'est plus le cas aujourd'hui alors que nombre de grands penseurs judéo-marocains sont redécouverts et appréciés, comme c'est le cas pour Maïmonide.

*Une sorte de métissage…*

Disons une certaine porosité des identités. Le judaïsme au Maroc a connu depuis longtemps une certaine perméabilité avec l'Islam, par exemple, avec lequel il cohabitait. Il arrivait même que Musulmans et Juifs vénèrent les mêmes saints, ce qui montre à quel point il y avait interpénétration des mysticismes des deux communautés. C'est d'ailleurs une des grandes leçons de cette époque : on peut s'emprunter un certain nombre d'éléments culturels tout en restant distincts. Ainsi, la cuisine juive marocaine est profondément influencée par la cuisine musulmane, cacheroute exceptée, et vice versa. Et comme Musulmans et Juifs ne mangent pas de porc, ils pouvaient facilement partager la même table. Bien que je ne prétende pas que la cohabitation ait toujours été harmonieuse, l'hybridité permet de se reconnaître, de s'accepter et de faire éventuellement des choses en commun.

*Puisque les Juifs semblent avoir très bien vécu le métissage au Maroc, qu'est-ce qui les pousse à le refuser au Québec ?*

Je ne crois pas qu'il y ait eu de réel métissage au Maroc entre les deux communautés : la Dhimma★ l'interdisait. Au Québec, on ne peut pas non plus parler de métissage, même si quelques groupes tentent d'établir des ponts sur le plan culturel entre sépharades et franco-catholiques. Si les Juifs sépharades étaient arrivés dans les années 1990, au moment où le Québec bénéficiait des effets intégrateurs de la loi 101, on aurait pu imaginer un autre scénario. Mais ils sont arrivés vers 1976 au plus fort du mouvement nationaliste, alors que le Parti québécois prenait le pouvoir. Compte tenu de l'émergence d'un nationalisme arabe dominant au Maroc, les Juifs considéraient avec suspicion tout nationalisme — excepté le sionisme, unique réminiscence d'une identité nationale juive — car ils craignaient l'émergence d'un nationalisme qui les aurait exclus ou marginalisés. C'est pourquoi les structures communautaires juives sont si importantes, et l'appui à l'État d'Israël essentiel pour eux. Avec leurs synagogues, leurs centres communautaires, leurs écoles et le nouveau campus communautaire, ils se sentent un peu plus rassurés quant à leur identité, et ils hésitent moins à s'exprimer pleinement au sein de la société dans laquelle ils vivent.

*Contrairement aux ashkénazes, les sépharades sont d'origine franco-phone. Avaient-ils, conséquemment, une perception plus favorable du projet souverainiste, ou à tout le moins des politiques visant la pro-tection et la promotion de la culture francophone ?*

Certainement. Laissez-moi vous raconter une anecdote à ce propos. J'ai récemment rencontré une universitaire juive ashké-naze qui enseigne maintenant à Boston et qui m'a dit : « Je suis montréalaise, mais il y a vingt-cinq ans que je n'ai pas mis les pieds au Québec. Est-ce toujours aussi horrible ? » Elle avait quitté Montréal en 1976 précisément au moment où j'y arrivais, alors que le Parti québécois et René Lévesque venaient de prendre le pouvoir. On commençait alors à appliquer des lois linguistiques. Cette femme avait reçu toute son éducation en anglais et trouvait inconcevable de devoir apprendre le français. Elle est donc partie, comme tant d'autres, si bien que la réunion des anciens de son école secondaire a été organisée à Toronto, car tous ses anciens camarades avaient quitté Montréal. Elle n'est certes pas représen-tative des sentiments des anglophones de cette époque, mais j'ai pu mesurer à quel point le ressentiment était grand.

Ses propos m'ont néanmoins choquée car j'avais choisi Montréal comme foyer d'adoption : j'arrivais tout juste et, sou-dain, j'étais devant cette collègue qui me disait nourrir au sujet du Québec le sentiment que j'éprouvais à propos du Maroc. Elle en avait contre des lois linguistiques qui, selon elle, détruiraient la communauté juive. Je lui ai fait remarquer que la communauté juive en était sortie plutôt renforcée, avec l'arrivée des sépha-rades…

Les sépharades francophones n'ont pas ressenti cette anxiété, cela va de soi. Plus encore : l'arrivée des Juifs d'Afrique du Nord a permis en quelque sorte de revivifier la communauté juive de Montréal, laquelle avait été affaiblie par l'exode des ashkénazes qui fuyaient les exactions appréhendées du nationalisme québécois à la suite de l'arrivée au pouvoir du Parti québécois. Ils ne se sont donc pas sentis menacés et certains ont même eu quelques sympathies envers leurs revendications.

*Vous parlez de méfiance envers le nationalisme. Dans le cas des Juifs ashkénazes, cette méfiance s'explique en grande partie par les excès du nationalisme allemand qui ont conduit à l'Holocauste. Or, les sépharades ont été menacés moins directement par l'Holocauste. Pensent-ils malgré tout le nationalisme à la lumière de cette tragédie ou plutôt à la lumière des expériences historiques du nationalisme maghrébin et des luttes de décolonisation ?*

Lorsque l'on réfléchit au nationalisme, on se rend compte que la Shoah occupe une place centrale dans l'imaginaire de tous les Juifs. D'ailleurs, il faut rappeler que même s'il n'y a eu rien de comparable à la catastrophe qui a frappé les Juifs ashkénazes d'Europe de l'Est, les Juifs sépharades ont aussi été persécutés au Maroc et en Algérie, qui étaient des territoires contrôlés par la France fasciste de Vichy pendant une partie de la Seconde Guerre mondiale.

Le nationalisme marocain, pour sa part, n'a jamais été très fort, mais il n'en a pas moins été problématique pour les Juifs. Au moment de l'indépendance en 1956, on a par exemple accusé les Juifs d'être du côté du colonisateur français. Certains l'étaient, il est vrai, mais d'autres se rangeaient aussi du côté des nationalistes marocains et d'autres, du côté des communistes. Au cours de l'histoire, le rapport des Juifs avec les divers nationalismes est donc ponctué d'expériences d'exclusion, voire d'exactions. Le réflexe naturel est de se méfier des mouvements nationalistes et de se constituer une communauté structurée pour conserver une identité forte. Résultat : considérant le nationalisme québécois, beaucoup de Juifs disent que le plus important pour les Juifs d'ici, c'est que la communauté juive survive et parvienne à fonctionner.

Cela dit, certains Juifs marocains ont pensé qu'ils avaient une sorte de destin commun avec tous les Québécois (une expérience commune de la colonisation française, par exemple) et ils ont compris le désir de ces derniers de se prendre en main. Cette compréhension immédiate est peut-être différente chez les ashkénazes. Certains sépharades se sentaient proches de René Lévesque qu'on invitait souvent dans la communauté. Bernard Landry connaissait aussi très bien la communauté. Toutefois, se reconnaître un destin commun ne signifie pas qu'on ait nécessairement envie de s'y associer ! Ainsi, les sépharades ne se sont pas bousculés au portillon pour militer dans le Parti québécois. Et le jour d'une élection ou d'un référendum, ils adoptent généralement la même attitude que certains francophones qui se disent qu'après tout le fédéralisme ne les fait pas trop souffrir et qu'il n'est pas si mal d'avoir deux paliers de gouvernement auxquels on peut s'adresser.

*Pourquoi les Juifs sépharades ont-ils quitté le Maroc que l'on présente souvent comme une terre très accueillante pour les Juifs ?*

Les trois mille ans d'histoire des Juifs au Maroc ont été ponctués d'épisodes heureux et malheureux. Ils étaient actifs dans tous les secteurs sociaux, aussi bien politique, économique que culturel. En terre d'Islam, la vie des minorités chrétiennes et juives était régie par la Dhimma — un régime discriminatoire, mais par lequel l'autorité musulmane accordait une protection particulière aux deux autres religions du Livre —, et chacune jouissait d'une certaine autonomie lui permettant de conserver ses traditions, sa culture et sa religion. Lorsque l'organisation communautaire régit l'ensemble des activités juridiques concernant les Juifs (mariage, droit commercial, droit civil, etc.), les rapports entre individus sont entièrement aménagés dans un cadre institutionnel communautaire à la fois confessionnel, familial et civil. Cette façon de vivre donne un sentiment identitaire clair aux gens qui sont amenés à participer à la vie communautaire, qu'ils le veuillent ou non. On vient au monde dans une famille imbriquée dans une communauté qui elle-même prête allégeance au roi du Maroc. Au XIX$^e$ siècle, l'occupation du Maroc par la France, qui impose un protectorat, brise quelque peu la dynamique de domination des Juifs et des Chrétiens par les Musulmans. Dès lors surgissent des problèmes de domination économique et culturelle par l'Occident. Les communautés juives en deviennent un des enjeux, souvent bien malgré elles.

C'est dans ce contexte que plusieurs Juifs ont cherché à améliorer leur condition en s'alliant au colonisateur français. La France arrivait d'ailleurs au Maroc avec le programme républicain alléchant que l'on connaît bien : « Nous sommes la patrie de l'égalité, de la liberté et de la fraternité. » Les représentants communautaires, quant à eux, ont adopté une position ambiguë, renouvelant leur attachement au roi du Maroc tout en laissant les gens libres de se rapprocher de la France. Dans cet esprit, l'émancipation promise a avant tout été individuelle, et non communautaire. Ce mouvement d'« émancipation » individuelle a complètement court-circuité le système traditionnel basé sur des structures familiales et communautaires fortes. Ainsi, vers la fin du XIX$^e$ siècle, on a vu se développer le réseau des écoles de l'Alliance israélite universelle qui ont fait de la langue et de la culture françaises les moyens de l'émancipation. C'est alors que la fragmentation ethno-religieuse a pris des dimensions politiques nouvelles. La création de l'État d'Israël en 1948 et l'accession du Maroc à l'indépendance en 1956 ont définitivement brisé les anciens équilibres établis sur la Dhimma et ouvert une période d'instabilité qui a abouti au départ massif de cette communauté.

*Et pourquoi avoir choisi le Québec, plutôt qu'Israël, comme terre d'immigration ?*

Dans les années 1950 et 1960, une première vague d'immigration a d'abord conduit une grande partie de la communauté juive marocaine vers Israël. Le modèle clanique étant prédominant, des familles et des villages entiers ont émigré ensemble dans les nouvelles villes d'immigration, aidés par les agences juives. La famille complète de mon père, une famille très sioniste et pieuse, est partie à ce moment-là vers la Terre promise. Or, dans les faits, ces gens se sont retrouvés à leur arrivée dans des logements misérables et ils ont subi un terrible choc culturel, car Israël était alors fortement imprégné par l'esprit et la culture de l'Occident, alors que les sépharades se considéraient plutôt comme des Orientaux.

Cette première vague d'immigration s'inscrit dans un climat d'insécurité et de guerre entre Arabes et Juifs, qui met en cause la survie même de ces communautés. Ainsi, chaque fois que s'accentuent les tensions, nombreuses à l'époque, entre Israël et les pays arabes, cela se traduit au Maroc par des vagues d'immigration. En 1967, après la guerre des Six Jours, une grande partie de la communauté décide de quitter le pays. Les choix des pays hôtes seront faits en fonction de différents facteurs, socioéconomique, affectif et idéologique. En outre, le sort peu enviable réservé aux Juifs marocains en Israël, la peur de la guerre permanente, la volonté de vivre une vie tranquille et l'attrait important de l'Amérique en français sont tous des facteurs qui ont joué dans la décision d'émigrer au Québec. Les hispanophones du nord du Maroc ont plutôt choisi le Venezuela ou l'Argentine, même si on en trouve ici aussi. Les francophones, quant à eux, se sont répartis entre la France (la majorité) et le Québec. Les premiers membres de ma famille sont arrivés ici en 1967, au moment de l'Exposition universelle, au début d'une vague d'immigration qui a touché un grand nombre d'entre nous en 1974-1975. Il y a également quelques Juifs du Maroc qui se sont installés à Toronto.

*Comment percevez-vous les rapports entre ashkénazes et sépharades au Québec ?*

Les deux communautés se ressemblent à plusieurs égards, les deux font face aux mêmes défis et partagent les mêmes préoccupations : continuité ou disparition, religiosité ou laïcité, pour n'en nommer que deux. Exception faite de légères tensions occasionnelles, les relations sont très bonnes, surtout au sein des élites communautaires. On remarque d'ailleurs qu'il existe aujourd'hui un regroupement des organismes dans un seul et même lieu, alors que les membres de l'élite sépharade insistaient au début pour fonder des organismes totalement autonomes. Malgré cela, il n'y a pas encore une très grande interpénétration des deux communautés au niveau de la base. Les gens ne se connaissent pas si bien.

*Parmi les ashkénazes laïques qui réfléchissent à la question de l'identité juive, on fait souvent référence, en ce qui a trait au fondement d'une identité culturelle solide, soit à l'Holocauste, soit à Israël, soit à l'héritage de gauche — communiste ou bundiste — qui occupe une place importante chez les Juifs originaires d'Europe de l'Est. Quels sont les piliers identitaires laïques chez les sépharades ?*

Je ne crois pas que ce soient là les seuls fondements de l'identité ashkénaze laïque qui repose aussi sur une tradition de critique et d'exégèse biblique commune au monde juif. Pour plusieurs raisons, le repli identitaire sépharade s'accompagne pour l'instant d'une certaine orthodoxie religieuse. Pour des gens comme moi, très laïques, il est en effet compliqué de trouver des repères identitaires juifs laïques, et il est vrai que l'héritage politique de gauche de l'identité est-européenne n'a pas d'équivalent chez les sépharades. Mais l'identité juive marocaine est autant traditionnelle que religieuse. Même si je suis contre les stéréotypes, je peux reconnaître qu'il existe des valeurs très largement partagées par les sépharades et qu'il est difficile de remettre en question : l'attachement à la famille et à certaines valeurs considérées comme stables, telles que la hiérarchie entre hommes et femmes. De cela, je peux parler en connaissance de cause car je suis féministe et j'ai constaté qu'il était très compliqué de remettre en question certaines choses.

*Y a-t-il, selon vous, une différence entre la situation des femmes chez les sépharades et chez les ashkénazes ?*

La communauté juive canadienne prise globalement est encore très traditionnelle. Chez les sépharades, pour les femmes, ce n'est pas brillant, malgré le fait qu'elles ont quelque peu bénéficié du mouvement des femmes du Québec, certaines y ayant même participé. Mais le machisme reste bien présent, en dépit de quelques tentatives pour s'en distancer, comme le fait d'avoir eu une femme à la direction de la Communauté sépharade du Québec.

*Quels parallèles établissez-vous entre la lutte identitaire des femmes et celle des Juifs ?*

Notons que les Juifs mènent depuis fort longtemps une lutte pour la reconnaissance. S'ils profitent aujourd'hui de l'expansion des mouvements de reconnaissance identitaire, ils ne les ont pas attendus pour savoir s'organiser. Cela dit, les Juifs tirent parti comme les autres groupes des mouvements pour l'égalité et l'émancipation, et ils bénéficient des lois antiracistes et antidiscriminatoires ainsi que des politiques d'accès à la fonction publique, ce qui explique sans doute pourquoi ils en sont des membres actifs.

Dans le cas des femmes, il ne suffit pas de s'appuyer sur des clauses de non-discrimination. Les mouvements féministes réclament non seulement la reconnaissance de la discrimination, mais aussi la parité sur le plan politique. Les féministes revendiquent l'égalité pleine et entière sans passer par de supposées mesures d'adaptation progressive.

On peut évidemment établir des parallèles entre le mouvement de l'émancipation des femmes et la lutte des Juifs pour la reconnaissance de leur culture comme une culture à part entière. De même, le mouvement des femmes et le mouvement ouvrier semblent souvent répondre à une logique similaire. Mais il reste difficile de comparer tous les mouvements identitaires luttant pour la reconnaissance. La question des femmes traverse nécessairement l'ensemble de la société et des groupes qui la composent.

*Y a-t-il des liens entre féministes juives et féministes non juives au Québec ?*

L'idéal des féministes est qu'il y ait un rapprochement, mais ce n'est pas vraiment le cas. J'ai beaucoup étudié l'histoire des associations de femmes franco-catholiques, anglo-protestantes et juives au Québec, et elles sont plutôt étanches. Il y a très peu de rencontres, très peu de convergences. Cela change avec l'éclosion du féminisme dans les années 1970, ce dont témoigne la pluralité du principal organisme féministe, la Fédération des femmes du Québec, l'organisme parapluie, où se retrouvent notamment des représentations juives.

*Vous avez établi un parallèle entre les diverses luttes de reconnaissance. Mais il y a des différences entre la situation et les revendications des Juifs, des Noirs, des Amérindiens, des Italiens, etc. Pouvez-vous commenter ce fait ?*

En effet, le multiculturalisme pose problème précisément parce qu'il postule une fausse similitude entre tous les groupes culturels. On crée des programmes et on saupoudre les crédits en croyant satisfaire tout le monde. Résultat, personne n'est content, tout simplement parce que les Juifs ne sont pas comme les Noirs qui ne sont pas comme les Grecs, et ainsi de suite.

*Comment imaginez-vous l'avenir de la communauté juive marocaine à Montréal dans cinquante ans ?*

Les Juifs ont construit tout au long de leur histoire des repères culturels et confessionnels forts, et leur identité a dû s'accommoder de nombreux événements. Outre la religion, la communauté en constitue le ciment essentiel. C'est pourquoi les Juifs sont si attachés à leur communauté. Pour cette raison, je suis toujours présente lorsqu'on me demande d'intervenir dans la communauté. Je crois aussi que la diversité et l'ouverture sur le monde sont des valeurs primordiales. Des gens de tous horizons doivent pouvoir dire qu'ils sont juifs, même s'ils ne pensent pas de façon identique ; ils doivent pouvoir trouver leur place au sein de leur communauté.

*Vos enfants s'identifient-ils comme juifs ?*

Oui. Et j'en suis heureuse. Nous venons d'ailleurs de célébrer la bat-mitsvah de ma fille, rituel de passage à l'âge adulte, réinventé pour les filles en Occident ! Je crois à l'importance des rituels dans des vies qui sont surtout laïques. Il est important de marquer les étapes de la vie par des rituels empruntés à la tradition et réinventés pour répondre à de nouvelles exigences. Au-delà des connaissances religieuses, j'insiste beaucoup pour que mes enfants aient une connaissance intime de la culture et de l'histoire du judaïsme : c'est en grande partie pour eux que j'ai réalisé un cédérom — et ils ont vécu toutes les étapes des cinq longues années de sa fabrication — sur l'histoire des Juifs sépharades au Maroc.

Je considère comme tout aussi important que mes enfants soient placés devant une diversité d'influences. Ils sont bien sûr très au courant des fêtes catholiques au Québec et connaissent les traditions de nos amis musulmans. Enfin, nous retournons régulièrement au Maroc. Mes enfants sont donc plongés dans des réalités culturelles et religieuses diverses. C'est plus compliqué ainsi, mais je préfère qu'ils réfléchissent, plutôt que de croire qu'ils détiennent la vérité et qu'il n'existe point de salut s'ils s'écartent du droit chemin.

*Julien Bauer insiste lui aussi sur l'importance des rituels. Il s'agit, selon lui, de la seule façon d'assurer la continuité de la communauté.*

Je suis mal à l'aise lorsqu'on rend les rituels trop rigides ou orthodoxes. Il fut un temps pas si lointain où les Juifs pratiquants, sans avoir à se cacher, respectaient leur cacheroute tout en mangeant avec les autres. Je trouve, par exemple, problématique que certains Juifs refusent d'aller manger chez d'autres Juifs sous prétexte que ceux-ci ne respectent pas les rituels de la cacheroute. De telles attitudes provoquent un enfermement et une fragmentation. Israël fait actuellement face à ce problème dans sa forme la plus aiguë. Le pays est fragmenté politiquement et socialement. À l'extrême, il existe des intégrismes sectaires, qui rêvent d'instaurer une théocratie. On ne vit pas ici cette fragmentation de façon aussi exacerbée, mais le problème existe et complique la vie des gens. Peut-on vraiment parler de continuité lorsqu'à l'intérieur d'une famille les enfants ne voient plus leurs parents parce qu'ils n'observent pas certains rites? Il serait erroné, selon moi, de réduire l'identité juive au respect de la stricte orthodoxie religieuse. La vie communautaire juive est beaucoup plus riche que cela.

# Salomon Cohen

Tensions entre ashkénazes et sépharades en Israël —
souveraineté du Québec et d'Israël, même combat
— la cause palestinienne — athéisme et identité juive
— musique et identité — souvenirs du Maroc juif

*S*i on voulait, avec un clin d'œil, paraphraser l'expression populaire « plus catholique que le pape », il faudrait dire dans le cas de Salomon Cohen qu'il est « plus souverainiste que Lévesque ». Salomon Cohen est en effet un fervent partisan de la souveraineté du Québec et il a été candidat du Parti québécois dans la circonscription d'Outremont lors des élections de 1994. Ses convictions souverainistes, il les tient en partie de sa façon d'analyser la situation du Québec à la lumière de l'histoire juive en général et de l'histoire de l'État d'Israël en particulier.

Né le 12 janvier 1946 à Fez, au Maroc, Salomon Cohen émigre en Israël à l'âge de quatorze ans et y reste jusqu'à l'âge de vingt-cinq ans après avoir été membre d'un kibboutz et avoir participé à la guerre israélo-arabe de 1967 dans les rangs de l'armée israélienne. Il arrive à Montréal en 1971, étudie le droit à l'Université d'Ottawa, avant de bifurquer vers les sciences politiques, puis vers les sciences administratives. Salomon Cohen ne croit pas en Dieu, même si ses parents étaient pratiquants et venaient de familles comptant de nombreux grands rabbins. Il tient néanmoins à son identité juive et déclare même avoir une « âme juive ». De langue maternelle arabe, il parle également l'hébreu, le français et l'anglais. De son union avec une femme d'origine franco-catholique sont nés trois enfants.

*Vous êtes né au Maroc et vous avez vécu en Israël. Pourquoi être venu au Québec ?*

J'ai décidé de quitter Israël dans les années 1970 car je ne m'y sentais pas totalement à l'aise. Israël était à l'époque contrôlé par les Juifs ashkénazes — c'est-à-dire originaires d'Europe de l'Est. Ils se vantaient d'avoir bâti le pays et d'avoir souffert pour son indépendance. Les ashkénazes reprochaient aux Juifs sépharades — c'est-à-dire aux Juifs du Maroc en particulier et d'Afrique du Nord en général — de ne pas avoir souffert de l'Holocauste. Conséquence de cette tension, les sépharades subissaient souvent des brimades plus ou moins graves et ils se retrouvaient toujours les premiers sur la ligne de front en temps de guerre. Il semble que les Israéliens ont souvent besoin d'un bouc émissaire, et certains Juifs n'hésitent pas à exercer une discrimination à l'endroit d'autres Juifs même au sein d'Israël. Peu après, le mépris des Israéliens ashkénazes s'est reporté sur les Juifs russes arrivés en masse en Israël à la suite de la chute de l'URSS. Les Juifs russes avaient au moins l'avantage d'être ashkénazes, mais le fait qu'ils n'étaient pas tous ni pratiquants ni même circoncis irritait la majorité soucieuse de donner à ses propres valeurs le statut de norme. Quant aux falashas, Juifs d'Éthiopie arrivés au milieu des années 1980, on a remis en question leur judaïté à cause de la couleur de leur peau, même s'ils étaient pratiquants…

Bref, mon frère du Maroc déménageait au Québec avec sa fiancée et les parents de celle-ci, et il m'a convaincu de les suivre. Je ne connaissais ni le Québec ni le Canada lorsque j'y suis arrivé en 1971. J'ai tout de suite établi un parallèle entre le mépris qu'affichaient les ashkénazes à l'égard des sépharades en Israël et le mépris des Anglo-Canadiens à l'égard des Franco-Québécois. Motivé par la volonté de comprendre les causes historiques de cette tension que j'observais au quotidien, j'ai pris des cours d'histoire au Cégep du Vieux-Montréal. Si je suis souverainiste, c'est peut-être aussi parce que mon « âme juive » n'accepte pas l'injustice. Je ne suis pas croyant, mais je suis le dépositaire de valeurs qui m'ont été inculquées, telle la justice.

*Que pensez-vous de la cause palestinienne, d'autant que le Parti québécois et les souverainistes ont souvent affiché une plus grande sensibilité envers le nationalisme palestinien qu'envers le sionisme ?*

Tout peuple qui veut être indépendant et qui a des raisons de l'être devrait être souverain. Je veux donc bien qu'il y ait un État palestinien, mais il ne faut pas que cela se réalise au détriment de la sécurité d'Israël. Puisque je ne vis plus en Israël depuis trente ans, je ne me sens pas l'autorité morale d'exiger des Israéliens qu'ils adoptent des politiques qui mettraient en danger l'existence d'Israël alors qu'ils assument seuls les conséquences de leurs politiques. Les pays arabes sont avantagés en raison de leur démographie et de leur géographie qui leur permettent de perdre une, deux ou trois guerres contre Israël et de revenir à la charge. Les Israéliens n'ont pas cette option : s'ils perdent une guerre, c'en est fait de leurs parents, de leurs familles, de leur pays. La seule question qui m'apparaît comme vraiment litigieuse, c'est Jérusalem. Alors que Jérusalem n'est que la troisième ville sainte pour l'Islam, elle est le premier, le seul et l'unique lieu saint du judaïsme.

Cela dit, si certains pays arabes avaient voulu que les Palestiniens aient un État indépendant, ils le leur auraient donné depuis longtemps. Lors de la guerre de 1967, par exemple, les Territoires occupés étaient aux mains des Arabes. Mais la plupart des pays arabes ont des régimes de type féodal et les Palestiniens y étaient perçus comme de dangereux révolutionnaires de gauche. Les gouvernements arabes n'avaient donc aucun intérêt à la création d'un État palestinien qui aurait remis en cause leur propre autorité.

Quant aux liens que l'on peut établir entre le nationalisme québécois et le sionisme, j'ai beaucoup de difficulté à accepter que les Juifs d'ici ne soient pas favorables à la libération du Québec. En effet, comment peut-on être sioniste, vouloir la souveraineté pour Israël et la refuser au Québec ? Israël vit dans une mer d'Arabes, et les Juifs fédéralistes d'ici ne veulent pas qu'Israël soit intégré dans une fédération des pays arabes avoisinants. Pourquoi arrivent-ils à une conclusion différente dans le cas du Québec, qui est, pour sa part, dans une mer d'anglophones ? Pourtant, chaque fois que j'évoque ce parallèle, les Juifs fédéralistes se sentent pris au dépourvu et me répliquent : « Ah non ! Ce n'est pas pareil ! » Les Juifs ont pris l'habitude de considérer les situations exceptionnelles — guerre d'indépendance et autres guerres israélo-arabes, Intifada, etc. — comme représentatives de la situation normale pour l'État d'Israël. À leur avis, ces situations feraient d'Israël un État d'une nature différente de celle des autres États. Pour eux, Israël est en quelque sorte un super-État. Conséquemment, les Juifs ont tendance à ne jamais accepter qu'on critique Israël. J'ai vécu en Israël, j'ai servi dans l'armée israélienne, je suis encore israélien aujourd'hui et je sais qu'Israël réalise de bonnes choses. Mais je sais aussi que ce n'est pas un pays parfait et qu'il lui arrive parfois de commettre des erreurs. Il est donc tout à fait juste que le Canada ou les États-Unis prennent dans certains cas des décisions qui vont à l'encontre des politiques du gouvernement israélien. Mais nombreux sont les Juifs qui considèrent que les politiques des États-Unis, du Canada et du Québec ne devraient prendre que le parti d'Israël. Pas moi. Quand Benjamin Nethanyaou et son gouvernement de droite étaient au pouvoir, j'étais en désaccord avec leurs politiques envers les pays arabes.

*Revenons à la question de la souveraineté. Vous affirmez que votre identité juive et que votre réflexion sur l'État d'Israël vous portent naturellement vers cette option. Or, environ 95 % des Juifs sont fédéralistes…*

Mais cela ne veut pas dire qu'ils ont raison ! Je suis un des rares qui osent élever la voix, mais beaucoup de Juifs sont souverainistes. D'ailleurs, il y a toujours eu des Juifs dans le mouvement souverainiste. Dès le début, on comptait dans ses rangs des gens comme Paul Unterberg, David Levine, Victor Teboul ou Michel Vais.

*Soit. Mais les porte-parole de la communauté juive défendent généralement le fédéralisme.*

Les communautés culturelles sont fermées à l'option souverainiste en grande partie à cause des intérêts de certains leaders qui veulent préserver leur emprise sur des citoyens fragiles. Les porte-parole s'opposent à la souveraineté au nom des gens qu'ils disent représenter et, par le truchement d'une mise en scène, ils laissent croire que l'ensemble des membres de la communauté dont ils sont les leaders sont fédéralistes. Prenons un exemple. Un an avant le référendum de 1995, j'ai croisé Jack Jedwab — il était alors président de la section québécoise du Congrès juif canadien — dans une synagogue où nous étions réunis à la suite d'un drame survenu en Israël. Il m'a alors dit : « Nous sommes en train d'élaborer une stratégie. » Les représentants des communautés juive, italienne et grecque voulaient créer un front commun pour défendre le fédéralisme devant la Commission parlementaire sur l'avenir du Québec. En unifiant ainsi les positions politiques de ces trois communautés, ces représentants pratiquaient l'ethnicisme un an avant que Jacques Parizeau ne reproche aux communautés ethniques d'avoir créé un front commun contre la souveraineté… Mais qui avait mandaté Jedwab et les autres pour défendre de telles positions ? Il est inadmissible qu'un représentant que je n'avais pas élu aille dire en mon nom que la communauté juive du Québec est fédéraliste. J'ai donc moi aussi participé à cette commission et j'y ai présenté avec d'autres un mémoire offrant une vision totalement différente des choses.

*Dans l'entrevue qu'il nous a accordée, Jack Jedwab constate que les leaders souverainistes n'osent plus évoquer dans leurs discours la nature ethnique de leur projet. Selon lui, la souveraineté du Québec n'a de sens qu'en tant que moyen pour protéger l'ethnie franco-québécoise. Conséquemment, il croit que la souveraineté ne peut rien apporter à un Juif en tant que juif et qu'un Juif ne peut donc être souverainiste que par* solidarité *avec une ethnie qui n'est pas la sienne.*

Je retournerais la question à Jack Jedwab : pourquoi un Juif comme lui défendrait-il la minorité fédéraliste anglaise ? N'est-ce pas par *solidarité* avec une ethnie protestante vindicative, qui n'est pas la sienne ? Jack a-t-il oublié les brimades qu'ont subies les Juifs bien en vue dans la communauté anglo-protestante de Montréal avant l'avènement du Parti Québécois ? Mais c'est dans les stratégies habituelles des fédéralistes que de prétendre que seul le projet souverainiste est de caractère ethnique. Ce sont pourtant les fédéralistes eux-mêmes qui pratiquent l'ethnicisme, comme le prouve cette alliance entre représentants fédéralistes des communautés juive, italienne et grecque à laquelle j'ai fait référence. Pour ma part, je n'ai jamais vu dans le mouvement souverainiste un mouvement ethnique. Le Québec est francophone, pluraliste et démocratique ; c'est une des sociétés les plus tolérantes, et elle pourrait même devenir un modèle pour tous les peuples. Je ne dis pas que le Québec est parfait, mais il est en avance sur le Canada sur le plan politique. L'*Homo quebecus* est très tolérant, il a une conscience politique développée et il a cette capacité que j'apprécie de se rebeller au nom de la liberté politique. Sur le plan culturel et artistique, le nombre de personnalités reconnues sur la scène internationale est phénoménal. Tout cela explique en partie pourquoi les fédéralistes ont si peur que le Québec devienne indépendant : il pourrait déloger le Canada du rang de « meilleur pays du monde ».

D'ailleurs, les souverainistes devraient dès maintenant internationaliser leur combat. C'est simple : le Canada est sur un piédestal sur la scène internationale. Il ne peut monter plus haut, il ne peut que descendre ! Je pense aux Cris qui dénoncent le Canada sur la scène internationale, et la minorité anglaise d'ici qui combat les Québécois au niveau canadien et au niveau international. Pourquoi ne pas faire de même ? Lucien Bouchard refusait d'exporter nos problèmes politiques à l'étranger, préférant parler d'économie et d'échanges commerciaux. J'étais totalement en désaccord avec lui. Nous avons de bons arguments pour plaider notre cause sur la scène internationale. Il faut dire au monde que le Canada a été en partie bâti sur un système d'apartheid vis-à-vis des autochtones. On pourrait aussi critiquer le Canada en rappelant que ce qu'on appelle le « grand dérangement » des Acadiens, c'était de l'*épuration ethnique*. Je suis d'ailleurs étonné qu'il n'y ait pas de parti indépendantiste acadien. Et puis, il faut rappeler au monde qu'il y a au Québec un noyau francophone qui doit être protégé et que s'il y a une langue et une culture menacées ici, ce sont celles des francophones. L'anglais n'est pas menacé au Québec. Quand le Québec sera souverain, il faudrait considérer les francophones hors Québec comme membres d'une diaspora et, s'ils veulent revenir s'établir ici, il faudrait les y aider, en adoptant une « loi du retour », comme il en existe une en Israël pour les Juifs de la diaspora.

*C'est un peu dans cet esprit d'internationalisation que vous avez participé au comité Amitiés Québec-Israël ?*

Il y avait de très bonnes relations entre le Canada et Israël, mais pas tellement entre le Québec et Israël. Nous avons donc fait en sorte que des intellectuels israéliens viennent nous parler de leur pays et nous avons envoyé des intellectuels québécois en Israël. Nous avons organisé des expositions artistiques et avons établi des liens avec les associations Amitiés France-Israël, Amitiés Belgique-Israël, Amitiés Suisse-Israël. Nous voulions même qu'Israël soit accepté au sein de la Francophonie puisqu'il y a environ un million d'Israéliens parlant français sur une population totale de quelque six millions. Mais on a récemment découvert qu'il faut avoir l'unanimité des membres de la Francophonie pour qu'y soit accepté un nouveau pays. Or, beaucoup de pays arabes, dont le Liban, siègent à la Francophonie. Notre tentative était donc vaine…

*Cette image d'un Québec indépendant pluraliste et tolérant dont vous parliez n'est pas celle qu'entretiennent généralement les fédéralistes. Que pensez-vous de l'exode annoncé de la communauté juive au lendemain d'une éventuelle accession du Québec à l'indépendance.*

Deux attitudes se contredisent à ce sujet : d'une part, la communauté juive d'ici construit au coût de millions de dollars un immense complexe communautaire ; d'autre part, on prétend que les gens transféreront leurs capitaux ailleurs et qu'ils partiront. Mais lorsque le Parti québécois a pris le pouvoir en 1976, rien de bien terrible n'est survenu pour les groupes minoritaires. Les fédéralistes avaient pourtant tenu des discours tellement alarmistes qu'ils ont semé la panique auprès des leurs et que des jeunes sont partis. Ils n'ont qu'à s'en prendre à eux-mêmes. En fait, les Juifs ont plus d'avantages ici que dans n'importe quelle province canadienne ou même qu'aux États-Unis. Il n'y a qu'en Israël et au Québec où des écoles privées juives sont subventionnées par l'État. Il n'y a aucune véritable raison de partir et je crois donc que la majorité de la population juive restera.

*Il y a pourtant ce soupçon tenace envers le nationalisme en général et le nationalisme québécois en particulier que quelques Juifs d'ici n'hésitent pas à identifier au nazisme…*

Les Juifs d'ici disent souvent que tout nationalisme est mauvais, mais il y a aussi un nationalisme canadien et un nationalisme israélien. Quand je soulignais ce paradoxe lorsque j'étais candidat aux élections de 1994, certains Juifs s'exclamaient : « Ah ! C'est différent. Comment osez-vous dire de pareilles choses ? » Je leur répondais : « J'ai été en Israël et il y a bel et bien un nationalisme israélien, qui s'appelle le sionisme. Pour moi, le sionisme signifie l'amour d'Israël. Le nationalisme canadien, c'est l'amour du Canada ; et le nationalisme québécois, c'est l'amour du Québec. Pourquoi alors attaquer seulement le nationalisme québécois ? »

Il y avait bien ici dans les années 1930 des souverainistes qui suivaient la vague nazie, mais y a-t-il eu à cette époque un seul pays qui ne comptait pas de groupuscules fascistes et antisémites ? Ainsi, il y avait aussi des nazis au Canada anglais. On parle pourtant presque exclusivement des nazis québécois pour discréditer le nationalisme québécois et pour mieux miner le projet souverainiste.

*Lors de la campagne électorale de 1994, vous étiez candidat pour le Parti québécois et avez fait du porte-à-porte dans la circonscription d'Outremont. Qu'est-ce qui vous a marqué ?*

En faisant du porte-à-porte, je me suis rendu compte à quel point les immigrants votent par défaut pour le fédéralisme, parce qu'ils ne comprennent pas précisément ce que signifie la souveraineté du Québec. J'ai constaté que l'élite souverainiste est souvent déconnectée de la réalité quotidienne des gens, alors que mon expérience avec la politique israélienne, principalement comme membre d'un kibboutz, me pousse à garder en tête ce qu'il y a de concret à vivre dans notre pays. Lors d'une réunion du Bloc québécois, je me suis levé pour dire que, dans un Québec souverain, il faudrait favoriser l'immigration et l'intégration des immigrants en région. Voilà du concret ! J'étais d'ailleurs président de la Commission des communautés culturelles au Bloc québécois de 1998 à 2000 et j'ai lutté pour qu'il y ait une immigration *et* une intégration dans le reste du Québec, et non pas seulement à Montréal. C'est la clef du succès pour sauver le peuple du Québec. Mais à la suite de mon intervention, des gens ont répliqué : « Ça, c'est le boulot du Parti québécois. Ça ne nous regarde pas. » C'est pour cela que la population ne nous suit pas : les gens ne voient pas le lien entre, d'un côté, les concepts, les principes et les valeurs, et, de l'autre, le pays concret que serait le Québec souverain. C'est bien sûr fantastique quand un pays devient souverain : cela provoque une effervescence incroyable. Mais il faut aussi avoir les pieds sur terre. C'est avec le peuple qu'on fait un pays. Les souverainistes ont trop d'idéologues et pas assez de praticiens. Lorsque je rencontrais les hassidim lors de la campagne électorale, j'ai découvert qu'ils aimaient négocier leurs votes de manière concrète, sur le mode donnant, donnant. Ils veulent ainsi savoir si, en votant pour tel parti, ils auront plus de chances d'obtenir de nouvelles écoles, des synagogues, etc. Dans la mesure où ils penseront que cela peut leur être profitable et où ils auront l'assurance que leurs libertés de mouvement et de religion ne seront pas entravées, ils n'hésiteront pas à appuyer le Parti québécois. D'ailleurs, il y a des Juifs hassidiques souverainistes, dont ceux de Boisbriand qui ont eu le courage de soutenir ouvertement les souverainistes lors du référendum de 1995.

*Dans une entrevue accordée au* Devoir, *vous révéliez qu'un membre de la communauté juive vous a un jour accusé d'être un « traître » parce que vous étiez souverainiste…*

Cela est arrivé au consulat d'Israël à Montréal, alors que nous étions réunis pour célébrer l'anniversaire de l'indépendance d'Israël. Je parlais avec Guy Bouthillier, alors président de

la Société Saint-Jean-Baptiste, lorsqu'un homme s'est approché
de nous et lui a dit : « Vous, vous avez le droit d'être souverainiste, mais pas lui », a-t-il ajouté en me montrant du doigt.
Quelle distinction ! En démocratie ! Je lui ai répondu : « Si en
tant qu'immigrant je n'ai pas le droit d'être souverainiste, alors
les immigrants n'ont pas non plus le droit d'être fédéralistes ! Et
si c'était le cas, le Québec serait souverain depuis belle lurette ! »

*Il pensait que vous étiez un « traître » envers le Canada ou envers la
communauté juive ?*

Envers les deux. Dans l'esprit de beaucoup de Juifs d'ici, un
Juif ne peut être que fédéraliste. Et s'il était souverainiste, *so
what ?* Nous sommes dans un pays démocratique, non ? Pourtant, les fédéralistes croient souvent que les immigrants doivent
tant au Canada, leur pays d'accueil, qu'ils ne devraient en aucun
cas soutenir la cause souverainiste. En cela, ces fédéralistes considèrent que les immigrants n'ont pas la même liberté politique
que les autres citoyens, puisqu'ils ne doivent pas voter pour des
partis qui ne sont pas fédéralistes. Bien sûr, la contrainte n'est pas
tant légale que sociale. J'ai ainsi subi de féroces pressions de la
part de la communauté à cause de mes prises de positions politiques. J'ai eu beaucoup de problèmes sur le plan professionnel,
ce qui est en partie dû au fait que les leaders de la communauté
juive d'ici majoritairement fédéralistes ne tolèrent pas la dissidence. Pierre Bourgault a déjà expliqué qu'on lui en avait fait
voir de toutes les couleurs jusqu'à l'élection du Parti québécois
en 1976, si bien qu'une année il n'avait gagné que 3 000 $. J'ai
battu ce triste record : en 1995, l'année suivant l'élection où
j'avais été candidat pour le Parti québécois, je n'ai touché en tout
et pour tout que 1 500 $… J'ai alors pensé à me lancer en affaires
dans le domaine du vêtement où les Juifs sont très influents, mais
mon frère m'a dit : « Écoute, Salomon, j'ai parlé avec certaines
personnes de ce milieu et elles m'ont dit qu'elles ne te fourni-
raient pas de matériel même si tu avais de l'argent. Il y aurait un

boycottage. » Les Juifs fédéralistes étaient prêts à pratiquer un véritable terrorisme économique et communautaire.

Bien souvent, je me suis demandé si je ne devrais pas changer de nom pour décrocher du boulot plus facilement, mais je me suis dit : « Si je dois en arriver là, ce sera l'échec de mon engagement politique. Cela aura été la preuve qu'un Cohen ne peut pas avoir du boulot au Québec. »

Je crois par ailleurs que les souverainistes que je côtoie ne savent pas ce qu'il en coûte à un immigrant pour afficher des convictions souverainistes. Ce n'est pas vrai uniquement pour Salomon Cohen, c'est vrai aussi pour des membres d'autres communautés qui se disent ouvertement souverainistes. Les souverainistes franco-catholiques nous interpellent comme si nous représentions une communauté majoritairement fédéraliste et, du coup, nous devenons l'objet de leur ressentiment. Je suis donc frappé d'un côté par les Juifs parce que je suis souverainiste et, de l'autre côté, par les souverainistes parce que les Juifs sont majoritairement fédéralistes. C'est très dur à supporter.

*Croyez-vous que vos origines et votre parcours vous rendent différent de la majorité des autres souverainistes nés au Québec ?*

Je n'ai pas d'antécédents de colonisé, et ce point est important. J'ai vu des Québécois et des francophones hors Québec réagir devant les anglophones avec un réflexe de colonisé. Même dans leurs revendications, les souverainistes ne veulent pas maltraiter les anglophones ni les offusquer. Je suis donc un pur souverainiste et je ne ressens aucun complexe d'infériorité vis-à-vis de mes adversaires politiques ni face à la communauté anglophone.

*Les Juifs québécois sont en général plutôt pratiquants. Votre athéisme constitue-t-il une sorte de barrière entre vous et les autres Juifs d'ici ?*

Cela me fait sans doute beaucoup de tort : on peut me demander si j'appartiens encore à la culture juive. D'ailleurs, on me dit souvent que je n'ai pas la légitimité nécessaire pour parler au nom de la communauté juive. Les Juifs me reprochent en fait trois choses : d'être souverainiste, d'avoir épousé une non-Juive et d'être un Cohen, car les Cohen sont les descendants d'une famille de grands prêtres ; certains Juifs ont été jusqu'à m'accuser d'usurper mon nom. C'est grave. Jamais personne n'oserait dire cela de mes frères, puisqu'ils sont religieux et fédéralistes… Nous avons pourtant la même mère et le même père. Même à l'intérieur de ma famille, je sens que mes frères sont plus près des enfants de mes autres frères que des miens, nés d'une mère non-Juive… Mais tout cela n'est pas surprenant, comme le révèle cet exemple d'un général israélien qui disait que tout Juif israélien qui ne pratique pas est pareil aux goyim, aux non-Juifs. Cette controverse au sujet de la foi, de l'identité juive et de l'appartenance à la communauté juive d'Israël est d'autant plus étrange que l'État d'Israël a été fondé par des Juifs socialistes athées, que la plupart des membres de kibboutzim étaient également de gauche et non pratiquants, et que les Juifs les plus religieux ne font pas leur service militaire. Quant à moi, j'ai fait la guerre dans l'armée israélienne. Alors, quand on me dit que je ne suis pas juif avec un nom comme le mien…

*Vous ne considérez pas que la religion fait partie de l'héritage culturel qu'il faut transmettre de génération en génération ?*

La pratique religieuse peut se transmettre, mais pas la croyance. Je déplore le fait que, dans toutes les religions, personne n'encourage les individus à étudier les autres religions pour faire un choix éclairé. Karl Marx, qui était juif de naissance, a choisi d'être protestant après y avoir longuement réfléchi. Selon un Juif hassidique que je ne nommerai pas, un Juif qui ne pratique pas, et même à la limite qui se convertit à une autre religion, restera un Juif qu'il faudrait judaïser. Donc, Karl Marx restera un Juif pour les Juifs.

*Des gens que nous avons interviewés, comme Jack Jedwab et Julien Bauer, estiment pourtant que sans la transmission de génération en génération d'un héritage religieux, l'identité juive est menacée de disparition dans la diaspora. Julien Bauer est tout particulièrement sceptique quant à l'idée d'une identité juive qui puiserait des ressources nécessaires à sa continuité dans la mémoire malheureuse de l'histoire juive ou dans cette « âme juive » qui serait marquée par une plus grande sensibilité aux questions sociales.*

Mes enfants sont adultes, ils ont un père juif et une mère catholique. Ils sont libres de choisir ou de ne pas choisir. Ils ont l'héritage de deux grandes religions et civilisations, je n'ai pas à leur imposer ma religion, ni mon épouse la sienne. Je préfère qu'ils fassent leur propre cheminement en connaissance de cause. Je n'aime pas imposer, je suis un démocrate.

Je me méfie des religions pour plusieurs raisons. Ainsi, toutes les religions font preuve d'une misogynie inacceptable. Les religieux ont tendance à croire que leur religion est supérieure à celle des autres, ce qui a entraîné de nombreuses guerres qui auraient été évitées s'il n'y avait eu les croyances religieuses. Les religieux se prétendent généralement meilleurs que les non-religieux, même si l'histoire regorge d'exemples de religieux ayant fait des coups fourrés financiers, politiques ou d'autre nature. Et puis, plusieurs religieux cultivent un fanatisme qui exclut toute possibilité de compromis…

*Est-ce que vos enfants se considèrent comme juifs ?*

Côté religion, mes enfants ne se considèrent ni comme juifs ni comme catholiques. Ils n'ont pas vécu dans les religions, mais certaines pressions ont été exercées par ma famille et par celle de ma femme, chacune de leur côté tentant de mener les enfants vers la synagogue ou vers l'église. Nous avons mis le holà à tout ce cirque et mes enfants n'ont célébré ni leur bar-mitsvah ni leur première communion. On peut donc dire qu'ils n'ont ni l'une ni l'autre des religions, mais on peut aussi dire qu'ils ont les deux. C'est d'ailleurs ma fille qui me rappelle parfois qu'il y a dans quelques jours telle ou telle fête juive, ce dont je ne me souviens jamais tant je suis loin du judaïsme religieux.

*Quelle a été la réaction de votre famille quand vous lui avez annoncé que vous alliez épouser une non-Juive ?*

J'ai eu la chance qu'à l'époque de mon mariage un seul de mes frères vivait ici. Si toute ma famille avait habité au Québec, cela aurait été plus compliqué. En règle générale, les membres de ma famille m'ont mis en garde. Un de mes frères m'a dit : « Il y a tellement de choses qui vous séparent, toi et ta fiancée, que je ne vous donne pas trois mois avant que ça n'éclate. » Cela fait trente ans que ma femme et moi sommes ensemble. Quant à ma mère, elle trouvait mon épouse parfaite, sauf en une chose : elle n'était pas juive…

*Et comment la famille de votre épouse vous a-t-elle accueillie ?*

Fantastique ! Ce sont des gens originaires de Berthierville qui ont encore la terre ancestrale vieille de trois cents ans. Lors de la première réunion familiale des Tellier en 1976, il en est venu de partout au Canada et même des États-Unis. Il y avait des gradés de l'armée américaine et des Tellier mariés avec des Arabes ou des Italiens. Cette famille est très ouverte et mon beau-père était un grand humaniste. Il y a une soixantaine d'années, il avait déjà écrit un mémoire de maîtrise à l'École des Hautes Études Commerciales portant sur la souveraineté du Québec. Cette personne m'a dans une mesure importante révélé l'âme québécoise et m'a beaucoup apporté tant sur le plan politique que sur le plan de l'humanisme.

*L'identité culturelle renvoie souvent à l'art. Êtes-vous sensible à l'art ? Y a-t-il une forme d'art qui contribue à votre identification au judaïsme ?*

Selon moi, l'artiste est un indicateur important pour connaître une société. Les artistes — poètes, écrivains, musiciens, peintres — ont en général une sensibilité incroyable qui peut être annonciatrice des choses qui se trament. Le *Refus global* de 1948, par exemple, fut le signe annonciateur de la Révolution tranquille qui ne surviendrait que dans les années 1960. Il faut observer comment réagissent les artistes. Quand je vois les artistes nationalistes en vogue, je sens que le mouvement souverainiste a le vent en poupe. Au contraire, lorsque les artistes sont moroses, je me dis que ça va mal. D'ailleurs, l'effervescence artistique des Québécois au niveau international — que ce soit le Cirque du Soleil ou Céline Dion — s'explique par l'effervescence nationale du Québec, comme c'est le cas pour la Catalogne.

Je suis surtout sensible à la musique. Rappelons que les Juifs se réfugiaient toujours derrière la grande musique lorsqu'ils vivaient des moments difficiles. Le violon est l'instrument de musique qui exprime le mieux la sensibilité juive. D'ailleurs, les Juifs russes qui sont arrivés en Israël emportaient presque tous un violon avec eux ! J'apprécie particulièrement la musique classique, même si je ne me considère pas comme un spécialiste en la matière. Au kibboutz où j'habitais, un Juif ashkénaze m'a emmené un jour dans une sorte d'agora naturelle pour écouter une vingtaine de musiciens qui jouaient des airs classiques. Il m'a dit : « Ferme les yeux et écoute. Laisse-toi aller. » Depuis, j'écoute de la musique classique, contrairement à la majorité des Juifs marocains qui sont plutôt friands de musique arabe. Il y a bien de la musique andalouse chez les sépharades, mais elle n'est pas aussi raffinée que la musique classique qu'affectionnent les ashkénazes. On n'a qu'à penser à Yehudi Menuhim qui était ashkénaze. Je peux enfin vous dire que les chansons de Gilles Vigneault me remuent autant que l'hymne national d'Israël. Dès que j'entends l'hymne national d'Israël, les larmes me montent aux yeux. À tous coups. Je vois défiler les cinq mille ans d'histoire du peuple juif. Pour tout vous dire, je ne comprends pas que dans le monde ce soient les généraux que l'on vénère, et non les grands compositeurs.

*Au fil de vos réflexions, on découvre que vous analysez souvent la réalité politique d'ici à travers votre expérience israélienne.*

Absolument. J'ai expérimenté avec un enthousiasme fantastique la démocratie concrète et participative lorsque j'habitais au kibboutz. J'espère qu'un Québec souverain serait ouvert sur le monde et permettrait justement une démocratie plus ouverte, pluraliste, inclusive.

*Éprouvez-vous une certaine nostalgie à l'égard de la Méditerranée, du Maroc et d'Israël ?*

On peut voir à Montréal certains Juifs d'origine marocaine qui vivent encore comme s'ils étaient au Maroc. Ce n'est pas du tout mon cas. Depuis que j'ai quitté le Maroc, je n'y suis jamais retourné. Il est vrai que les Juifs y vivaient relativement bien comparativement aux Juifs des autres pays arabes, comme l'Irak ou la Syrie. Nous étions les sujets du roi du Maroc, comme n'importe quel Marocain. Mais lorsque la situation politique se dégradait au Moyen-Orient, les relations devenaient très tendues et nous étions mal à l'aise. En fait, nous n'étions que tolérés. Je me rappelle également que des jeunes Arabes s'emparaient parfois de la kippa★ de mon père lorsqu'il marchait dans la rue et se la lançaient. Comme c'est un péché de faire quatre pas décalotté et que mon père était très religieux, il se retrouvait alors immobilisé.

*Quel est l'impact de toutes vos influences sur votre sentiment d'appartenance, sur votre identité ?*

Si vous me posez la question : « Quelle est l'identité de Salomon Cohen ? », je répondrai : « Je suis africain, maghrébin, juif, israélien, canadien et québécois. » Et je suis aussi un citoyen du monde. Je n'ai pas à nier quoi que ce soit. Par ailleurs, si j'avais à choisir entre l'identité québécoise et l'identité canadienne, je choisirais la québécoise tout en adressant des remerciements au gouvernement canadien.

Au Maroc, j'étais le Juif; en Israël, j'étais le Marocain. J'étais mal à l'aise. Au Québec, je suis le Québécois. Je me sens québécois et je me sens bien.

# Jack Jedwab

Portrait du Congrès juif section Québec —
continuité et héritage — l'Holocauste
— l'antisémitisme — fédéralisme et nationalisme

*Jack Jedwab nous a reçus dans son bureau à l'Université du Québec à Montréal, où il travaille depuis 1998 en tant que directeur général de l'Association d'études canadiennes. À travers les nombreuses fenêtres de son bureau, on voit se déployer le centre-ville de Montréal, ville où Jack Jedwab est né il y a une quarantaine d'années et où il s'est engagé socialement tout au long de sa vie. À vingt-neuf ans, il occupait déjà le poste de directeur des relations communautaires au Congrès juif à Montréal, après avoir terminé des études d'histoire aux universités McGill et Concordia au cours desquelles il s'est intéressé à l'histoire du Québec en général et à celle des minorités culturelles en particulier. De 1994 à 1998, il a été directeur du Congrès juif section Québec. Même s'il n'occupe plus aujourd'hui de postes de direction au sein de la communauté juive du Québec, il siège toujours à certains comités du Centre Saydie Bronfman.*

*Après ses études et en plus de ses activités communautaires, Jack Jedwab a toujours gardé un lien avec le monde universitaire : il a enseigné à l'Université McGill et à l'Université du Québec à Montréal, et il a signé de nombreux textes sur les minorités culturelles et sur la communauté juive au Québec.*

*Par ailleurs, il estime qu'il faut faire des efforts réels pour favoriser le rapprochement entre Québécois juifs et non juifs. En ce sens, il a contribué à organiser des rencontres d'échanges et de discussions entre les deux groupes, notamment en collaboration avec Robert Comeau, ancien felquiste aujourd'hui professeur d'histoire à l'UQAM, ou avec Gérard Bouchard, sociologue.*

*D'origine juive ashkénaze et anglophone, Jack Jedwab est marié selon la tradition religieuse juive et partage sa vie avec une femme d'origine juive sépharade et francophone. Le couple a plusieurs enfants.*

*Jack Jedwab a écrit plusieurs textes sur la question de l'identité et des Juifs.* Mentionnons « The politics of dialogue : Rapprochement efforts between Jews and French Canadians 1939-1960 », dans Ira Robinson et Mervin Butovsky (dir.), Renewing our Days ; Montreal Jews in the Twentieth Century, *Véhicule Press, 1995 ; « Quebec Jews : A unique community in a distinct society », dans Pierre Anctil, Ira Robinson et Gérard Bouchard (dir.),* Juifs et Canadiens français dans la société québécoise, *Septentrion, 2000 ;* À la prochaine ? Une rétrospective des référendums québécois de 1980 et 1995, *Éditions Saint-Martin, 2000.*

*Pouvez-vous nous brosser rapidement un portrait de la communauté juive du Québec ?*

La communauté juive du Québec est exceptionnelle en Amérique du Nord : elle est plus traditionnelle et comprend proportionnellement plus de Juifs orthodoxes★ que la plupart des autres communautés. Lorsqu'on consulte les données de Statistique Canada sur les origines ethniques, on découvre que, lors des recensements, les Juifs de Montréal ont plus tendance que ceux d'ailleurs au Canada à se déclarer uniquement « Juif », plutôt que « Juif et autre ».

*Vous avez longtemps été à la tête de la section québécoise du Congrès juif. Comment se structure l'organisation institutionnelle de la communauté juive ?*

La section québécoise du Congrès juif est souvent perçue, en raison de ses prises de positions publiques, comme étant l'organisme de planification général de la communauté. En réalité, ce rôle revient à la fédération Appel juif unifié (AJU), une institution qui a la responsabilité d'offrir des services communautaires dans les domaines de la santé, de l'éducation et de la culture. C'est l'AJU qui finance en grande partie le Congrès juif dont le mandat est de représenter la communauté sur la scène politique.

*Le financement des organismes communautaires ne vient-il pas également de fonds gouvernementaux ?*

Il y a une quarantaine d'années, les institutions juives — les écoles, les hôpitaux — étaient presque entièrement financées par la communauté elle-même. Aujourd'hui, leur financement provient en effet en grande partie des gouvernements, ce qui, d'ailleurs, provoque parfois des tensions entre les différents organismes communautaires. Prenons à titre d'exemple la campagne référendaire en 1995. J'occupais alors le poste de directeur du Congrès juif canadien section Québec (CJCQ) et l'organisme avait décidé d'appuyer officiellement le camp du Non. Certains dirigeants communautaires ont critiqué la stratégie par crainte que le gouvernement formé par le Parti québécois ne réduise le financement public de certaines de nos institutions en guise de représailles. C'est précisément cet état d'esprit qui avait prévalu en 1980 lors du premier référendum, et le CJCQ s'était alors déclaré neutre. En 1995, nous estimions qu'une déclaration de neutralité aurait inévitablement entraîné une perte de pouvoir et d'influence politique pour le CJCQ. Nous avons donc pris officiellement position pour le Non malgré les critiques et les tensions. Personne ne nous a coupé les vivres… heureusement !

*Quelle relation existe-t-il entre le CJCQ et le Congrès juif canadien ?*

Le CJCQ est une section du Congrès juif canadien (CJC) national. Cependant, en matière de questions constitutionnelles, l'organisme national s'aligne généralement sur les positions de sa section provinciale québécoise. Le rôle de celle-ci consiste d'ailleurs souvent à expliquer aux gens du reste du Canada que la situation au Québec telle qu'elle leur est présentée à la télévision ou dans leurs journaux ne correspond pas toujours à la réalité. Quand un individu comme l'activiste Howard Galganov fait campagne dans le reste du Canada pour répandre l'idée selon laquelle les Juifs sont maltraités au Québec, ce sont les représentants du CJCQ qui expliquent aux autres membres du CJC que les Juifs jouissent en vérité d'une bonne qualité de vie au Québec et qu'il n'y existe pas de répression antisémite.

*Julien Bauer affirme qu'il existe un certain décalage entre les dirigeants de la communauté juive et la base. Selon lui, les dirigeants seraient majoritairement des anglophones laïques, alors que la communauté deviendrait de son côté de plus en plus religieuse et francophone.*

Je respecte beaucoup Julien Bauer, mais je doute que les changements démographiques puissent créer un décalage entre les dirigeants et l'ensemble de la communauté. Ce sont plutôt les tensions entre générations qui poseront les problèmes les plus sérieux auxquels auront à faire face les représentants de la communauté juive d'ici. Déjà, de nombreux jeunes se sentent à l'étroit au sein d'organisations où certains individus occupent les mêmes postes depuis parfois trente ou quarante ans. Et parmi la génération des dirigeants actuels, il existe deux tendances, l'une pessimiste, l'autre optimiste. Certaines personnes entretiennent la nostalgie d'une autre époque et elles sont attristées par les nombreux départs de jeunes de la communauté. Elles sont pessimistes car elles considèrent que les conditions économiques et le contexte politique ne sont pas très prometteurs, et que les départs sont donc justifiés. Les optimistes, au contraire, tentent de transmettre à la jeune génération une conception positive de l'avenir au Québec et cherchent à stimuler le désir d'engagement des jeunes. Ils mettent l'accent sur les richesses culturelles et sociales du Québec de même que sur la possibilité d'y mener une vie communautaire intéressante. L'enjeu est particulièrement important parce que, selon que l'une ou l'autre de ces deux visions l'emportera, les jeunes seront plus ou moins enclins à vivre au Québec.

Et puis, outre ces tensions intergénérationnelles, bien d'autres éléments que la pratique religieuse détermineront le maintien d'une relation saine entre les dirigeants et la base de la communauté. Je crois d'ailleurs que les représentants de la communauté juive, tout comme ceux du Québec ou du Canada, s'adaptent aux nouvelles tendances sociales selon lesquelles on se préoccupe davantage des particularités de chacun des groupes. Par exemple, il y a à Montréal beaucoup de Juifs qui viennent de Russie. Or, les représentants de la communauté juive s'activent depuis quelques années à mettre sur pied des programmes, dont certaines activités qui se déroulent en russe et qui répondent mieux qu'autrefois à leurs besoins particuliers. Une vie communautaire est riche lorsqu'une communauté offre une grande diversité de choix à ses membres. Et je ne pense pas comme Julien Bauer que la communauté juive québécoise devienne uniquement de plus en plus religieuse. À l'opposé, elle se diversifie : *The Gazette* a parlé en 2000 d'un mariage juif homosexuel, ce qui est passablement nouveau. Et les orthodoxes changent aussi : les rabbins ont maintenant le droit de divorcer. La démographie n'est pas un prédicteur infaillible.

*Julien Bauer soutient pourtant que la seule façon de préserver l'identité juive est de revenir à une pratique religieuse qui permettra de transmettre les valeurs traditionnelles aux enfants. Êtes-vous d'accord avec cette position ?*

J'accorde beaucoup d'importance à la transmission des traditions pour assurer la continuité de l'identité juive et il me paraît important que les enfants soient en contact avec la tradition juive. La pratique religieuse dans ma famille était minimale. Mais mon épouse vient d'un milieu plus orthodoxe et, lorsque nous nous sommes mariés, nous avons instauré l'observance de certains rituels religieux à la maison. Même si je ne me considère pas comme religieux, nous avons décidé au début de notre union de respecter le Shabbat. Cependant, au fur et à mesure que les enfants ont grandi, nous avons apporté des modifications. Il est, par exemple, de plus en plus difficile d'obtenir d'un

enfant qui vieillit qu'il ne regarde pas ses vidéos préférées le vendredi et le samedi parce que c'est le Shabbat. Nous avons donc
tranquillement accepté des modifications, même si nous conti-
nuons à respecter certains rites et à observer les grandes fêtes. Il
est d'ailleurs significatif que mon père, pour qui ces traditions
n'ont jamais semblé très importantes, se montre très content de
me voir les transmettre à mes enfants.

*Existe-t-il, selon vous, un consensus au sein de la communauté juive
du Québec concernant cet héritage à transmettre aux enfants pour la
suite du monde ?*

« Pour chaque question, il existe cent réponses », dit-on souvent dans la communauté, avec humour. Certains insistent sur le
fait qu'il faille transmettre les traditions de base ; d'autres soutien-
nent qu'il faut favoriser l'apprentissage de l'hébreu. D'autres
encore croient qu'il faut stimuler l'engagement dans la communauté ; d'autres enfin maintiennent qu'il faut faire progresser la
pensée philosophique juive. Il y a en réalité de plus en plus
d'opinions différentes sur tous les sujets, qu'ils soient religieux,
linguistiques ou autres. On discute et on rediscute. En fait, on
semble d'accord pour être en désaccord !

Je crois, pour ma part, que le pluralisme est important. Bien
sûr, plus les réformés sont influents, plus la communauté juive
change. Mais la communauté juive ici et ailleurs dans le monde
est de toute façon en évolution constante.

*Vous nous avez dit ne pas être certain que la tendance veuille,
comme l'affirme Julien Bauer, que le degré d'observance religieuse
augmente dans la communauté juive. Percevez-vous au contraire une
chute de cette observance ?*

J'ai l'impression, en effet, que les Juifs du Québec seront
*moins* religieux dans l'avenir qu'ils ne le sont aujourd'hui, sauf
bien sûr les Juifs hassidiques, qui resteront par ailleurs à l'écart des

institutions de la communauté juive laïque. Je n'oublie pas non plus que les sépharades sont en proportion plus pratiquants que les ashkénazes. Cela cause d'ailleurs parfois des frictions entre les deux groupes. Mais il ne faut pas croire non plus que l'orthodoxie soit un phénomène immuable. Elle est d'ailleurs actuellement en phase de redéfinition. On parle aujourd'hui d'un essor de l'orthodoxie *moderne,* à Montréal comme ailleurs. Toutes les autres branches du judaïsme religieux se renouvellent aussi continuellement.

Il est vrai que les Juifs de Montréal se marient beaucoup plus entre eux que dans les autres communautés juives de la diaspora. Cette particularité québécoise a deux causes : premièrement, l'importance de la branche orthodoxe chez les Juifs d'ici ; deuxièmement, la tendance historique chez la majorité franco-catholique à éviter la mixité pour préserver sa culture. Cette observation nourrit l'hypothèse d'un mouvement de conservation des pratiques religieuses, puisque les orthodoxes y veillent avec grand soin. Mais il est aussi possible qu'un changement de mentalité au sein de la majorité franco-catholique entraîne un changement d'attitude chez les minorités culturelles. Et puis remarquez, d'un autre côté, que ce sont les réformés, en principe plus souples quant aux pratiques religieuses, qui acceptent le plus aisément la conversion et les mariages mixtes. Or, si les autres groupes condamnent fermement les mariages mixtes et les conversions car cela affaiblirait — selon eux — l'identité juive, on constate que des gens se convertissent au judaïsme en vue d'un mariage et deviennent par la suite très actifs dans la communauté et très vigilants en ce qui a trait à l'identité juive. Ces personnes continuent souvent de s'identifier au judaïsme même si leur mariage se solde par un divorce. Que peut-on conclure ?

Bref, je ne crois pas que l'on puisse envisager l'avenir d'une identité culturelle seulement sous l'angle démographique. Il faut aussi tenter de prévoir plus globalement les transformations sociales et culturelles.

*Quel est le rapport entre les hassidim et le Congrès juif?*

Il y a très peu de liens, sinon pendant des périodes de crise. Même dans de tels cas, les hassidim ne sollicitent pas l'intervention du Congrès juif puisqu'ils cherchent à minimiser leurs contacts. Le Congrès juif canadien section Québec intervient souvent de son propre chef. En ce sens, la congrégation Lubavitch constitue un cas d'exception au sein des hassidim. Les Lubavitch se sont donné comme mission d'attirer les autres Juifs à leur pratique et ils n'hésitent donc pas à entrer en contact avec des gens extérieurs à leur communauté. Ils lancent également de nombreuses campagnes publiques pour rappeler aux gens l'importance des traditions fondamentales. Je respecte cette démarche. Les Lubavitch m'ont d'ailleurs un jour demandé de leur servir de porte-parole auprès des représentants municipaux pour négocier le déménagement d'une synagogue. J'ai accepté d'être leur porte-parole, car j'admire leur engagement communautaire et leur volonté de préserver leur identité.

*Au Québec, la langue influence souvent l'idée qu'un individu se fait de son identité culturelle. Même si nous avons abordé cette question précédemment, pouvez-vous nous présenter de façon plus approfondie l'importance du français et de l'anglais dans la communauté juive du Québec?*

Si l'on considère d'abord l'évolution historique de la communauté, il est clair qu'avant l'adoption de la loi 101 les Juifs ont massivement choisi l'anglais. Même certains qui avaient le français comme langue maternelle, tels que les Juifs arrivant du Maroc, se sont retrouvés dans des écoles juives anglophones et ont été anglicisés. On se rappelle qu'à cette époque le réseau des écoles franco-catholiques du Québec n'était pas très accueillant. Après l'adoption de la loi 101, des écoles juives francophones sont apparues, et c'est ainsi que mon épouse, arrivée du Maroc à cette époque, a reçu une instruction en français. On constate maintenant que les Québécois juifs anglophones parlent beaucoup plus le français qu'auparavant, même si certains hésitent à apprendre le français.

Quant aux francophones de Montréal, ils sont beaucoup plus bilingues qu'on n'a l'habitude de le croire chez des membres de la communauté juive du Québec. Lors d'une discussion publique à laquelle je participais, un homme s'est levé pour me dire : « Monsieur Jedwab, le problème, c'est que les francophones ne veulent pas apprendre d'autres langues que le français, alors que moi, par exemple, j'en parle six. » Je lui ai demandé s'il parlait français et il m'a répondu par la négative. Je lui ai donc proposé d'apprendre une septième langue : le français.

*Pierre Anctil a qualifié la coexistence des Juifs et des franco-catholiques de « rendez-vous manqué ». Il déplore le fait que certaines orientations institutionnelles aient contribué à créer un fossé culturel entre ces deux communautés. Quelle est votre perception de la situation ? Quels sont les espaces de rencontres, selon vous ?*

Je crois que les rapprochements entre les deux groupes sont aujourd'hui manifestes. Je connais très peu de Juifs qui n'aient pas maintenant au moins un ami francophone. Mais il faut continuer à faire des efforts pour établir des ponts, surtout entre les jeunes. Lorsque j'étais au Congrès juif, j'ai tenté de tisser des liens avec la Société Saint-Jean-Baptiste de Montréal. Jean Dorion en assurait alors la présidence. Nous avons fait beaucoup de progrès. Les tentatives de rapprochement ont été plus difficiles après son départ, jusqu'à tout récemment. Je ne retrouvais pas la même ouverture chez ses successeurs. En 1992, la Société Saint-Jean-Baptiste a fait paraître une publicité dont le thème était l'immigration. Je considérais que cette publicité était susceptible d'encourager la xénophobie. Un journaliste m'a demandé d'y réagir en entrevue, et mes propos sont parus dans un texte dont le titre laissait entendre que j'accusais la SSJB d'être xénophobe. Il n'en a pas fallu plus pour nuire aux relations entre nos deux organismes. C'est dur, mais cela fait partie du jeu. Il faut être conscient que ces démarches de rapprochement sont fragiles, que tout peut s'écrouler en une seule journée et que le travail sera alors à reprendre.

Il faut préciser que la notion de rapprochement est parfois trompeuse et qu'il existe une certaine naïveté chez ceux qui veulent favoriser le rapprochement entre les communautés. Lorsque j'étais au CJCQ, une crise a éclaté impliquant les Juifs hassidiques d'Outremont, et certains disaient alors : « Ah ! si les gens se connaissaient mieux, ils accepteraient beaucoup mieux les différences. » S'il était vrai que la cohabitation mène à une meilleure compréhension, il n'y aurait pas autant de divorces ! Parfois, il ne s'agit pas tant de chercher à mieux se comprendre que de négocier le partage de l'espace commun. D'ailleurs, les hassidim considèrent le métissage comme une menace, tout comme bon nombre de franco-catholiques, d'ailleurs.

Rappelons enfin qu'il y a cinquante ans les franco-catholiques, les anglo-protestants et les Juifs étaient dominants au point de vue démographique. Aujourd'hui, il y a une multitude de communautés culturelles : les Italiens, les Grecs, les Haïtiens, les Latino-Américains, les Asiatiques, les Africains, etc. Les Juifs forment de plus en plus une communauté parmi d'autres, et c'est ainsi qu'il faut penser les relations interculturelles. Je ne me demande pas comment faire pour améliorer les rapports entre Québécois franco-catholiques et Québécois juifs, mais bien comment faire pour améliorer les rapports entre franco-catholiques et *toutes* les communautés culturelles.

*Cette perception dont vous nous avez parlé voulant que le Québec soit une société antisémite constitue-t-elle un obstacle au rapprochement entre Québécois juifs et Québécois non juifs ?*

Pour pouvoir entamer un véritable dialogue, il importe que les Québécois non juifs reconnaissent les éléments antisémites de leur passé et que les Québécois juifs cessent de prétendre que le Québec est encore aujourd'hui fortement antisémite. Évidemment, il n'est pas facile de se pencher sur les aspects peu glorieux de notre histoire et il est très difficile pour les nationalistes québécois d'admettre que des écrits ou des événements antisémites aient ponctué l'histoire du Québec... Mais il s'agit là d'une démarche importante si l'on veut bien comprendre le passé et le présent, et si l'on désire aller de l'avant. L'identité des Canadiens français repose entre autres sur l'idée qu'ils ont été ou sont des « victimes » de la domination économique et politique des anglophones. L'expression de ce sentiment occupait une place centrale dans le discours souverainiste des années 1970 et elle est toujours présente aujourd'hui, même si elle s'est atténuée. Et il est souvent difficile de croire que les « victimes » aient elles-mêmes leurs propres « victimes ». Mais comme les nationalistes québécois se sont souvent sentis stigmatisés par les accusations d'antisémitisme, ils ont généralement tendance à répliquer: « Ah! mais il y a aussi de l'antisémitisme au Canada anglais! » Ce genre de commentaire ne nous mène pas très loin... Je me souviens de cette soirée de réhabilitation de Lionel Groulx à laquelle j'avais été invité en compagnie entre autres de Denis Vaugeois, d'Hélène Pelletier-Baillargeon et de Jean-Marc Léger, et au cours de laquelle Fernand Dumont avait tenu à me confier que son grand-père paternel était juif. Quand fut venu le moment de prononcer mon discours, j'ai commencé en disant: « Je considère que l'histoire du Québec, c'est mon histoire... » Applaudissements ! « Attendez avant d'applaudir, ai-je dit, car vous n'aimerez peut-être pas la suite ! Lionel Groulx en particulier et la société québécoise en général étaient antisémites dans les années 1930. C'est un fait qu'il faut admettre, même si le Québec a changé depuis et que l'antisémitisme y est aujourd'hui marginal. Est-ce si difficile à admettre ? » Il semblerait que oui, puisque j'ai été violemment attaqué par des gens qui me disaient : « Oui, il y a bien peut-être quelques passages antisémites chez Lionel Groulx... Mais Groulx n'était tout de même pas Hitler. » Quel mauvais point de référence !

Toutefois, il est heureux de constater que de plus en plus de Québécois non juifs considèrent que l'antisémitisme doit être dénoncé et combattu. Ainsi, pendant la durée de mon mandat au sein du CJCQ, le nombre d'appels de non-Juifs qui voulaient décrier telle ou telle expression d'antisémitisme et exprimer leur solidarité à la communauté juive a continuellement augmenté.

De l'autre côté, certains Juifs affirment que la société québécoise d'aujourd'hui est foncièrement antisémite. Or, je ne pense pas que l'antisémitisme soit un problème majeur de la société québécoise, même s'il est important de rester vigilant. Mais pendant les années où j'ai travaillé pour le Congrès juif, je faisais part de ma perception à certains membres de la communauté du Québec ou du reste du Canada selon laquelle le Québec n'est pas une société antisémite. C'est ainsi qu'un homme m'a interpellé lors d'un débat public pour me demander ce que je faisais pour combattre ce qu'il appelait « l'antisémitisme caché » des Canadiens français. Pour détendre l'atmosphère, j'ai dit, à la blague, que nous avions au CJCQ une grande épingle que nous enfoncions dans le dos des gens pour en extraire l'antisémitisme caché… Malheureusement, cet homme n'entendait pas à rire. Il était très énervé et vociférait, rappelant qu'il y a cinquante ans les Juifs étaient fréquemment harcelés et insultés publiquement par les francophones, et que les bagarres étaient fréquentes. Il m'a sommé de demander à ma mère qu'elle me raconte sa vie dans le Québec d'après-guerre. Je lui ai répondu qu'il y a cinquante ans ma mère sortait tout juste d'Auschwitz et qu'elle aurait tout donné pour avoir été au Québec.

*Vous avez donc un contact personnel avec la Shoah…*

Je mentionne très rarement que je suis le fils d'une survivante de l'Holocauste. Je n'ai pas hérité de la souffrance ou encore de l'impression d'être toujours menacé. Je ne subis pas d'effets psychologiques secondaires, comme c'est souvent le cas chez d'autres enfants de l'Holocauste. J'ai visité le camp d'Auschwitz, mais je n'ai pas pleuré. Après avoir vu ce musée, beaucoup de gens disent : « Maintenant, je comprends. » Mais moi, j'ai le sentiment que je ne comprendrai jamais ce que signifiait *être là*.

Je veux m'assurer que mes enfants *savent* ce que leur grand-mère a vécu, même si nous ne pourrons jamais *comprendre* son expérience réelle. Il est important de connaître son passé, et l'Holocauste ainsi que la création de l'État d'Israël sont les deux événements qui ont le plus marqué la communauté juive au XX<sup>e</sup> siècle. Cela dit, mon attitude consiste à dire qu'il faut profiter de chaque jour de la vie. Je veux donc qu'à travers leur connaissance de l'histoire et leur désir d'avoir un meilleur avenir, mes enfants se rendent compte à quel point ils sont chanceux de vivre aujourd'hui à Montréal.

*Beaucoup d'auteurs ont souligné que, pour de nombreux Juifs, l'Holocauste est l'élément central de leur identité juive. Dans son livre* Le Juif imaginaire, *Alain Finkielkraut révèle comment ce lien entre l'horreur et l'identité peut prendre forme : « En dépit de mes efforts, je ne portais pas le deuil de ma famille exterminée, mais j'en portais l'étendard : que je relate, à mon tour, les épisodes familiaux de la solution finale, et mon interlocuteur, saisi d'un mélange de stupéfaction, de honte et de respect, voyait en moi autre chose que moi-même : le visage des suppliciés. Je médusais mon public. D'autres avaient souffert, et moi parce que j'étais leur descendant j'en recueillais tout le* bénéfice *moral. [...] je paradais, j'épatais la galerie, je forçais l'admiration des* spectateurs. *»*

Je ne veux certainement pas dire que l'Holocauste ne fait pas partie de l'identité juive, mais l'histoire et la culture juives sont si riches et diversifiées qu'il n'est pas évident que les Juifs de la diaspora aient absolument besoin de la mémoire de l'Holocauste pour cimenter leur sentiment d'identité juive.

D'autre part, même des gens à l'extérieur de la communauté juive considèrent parfois que l'Holocauste est un élément central de l'identité de *tous* les Juifs. Ainsi, les non-Juifs sont souvent très prudents envers nous, car ils nous perçoivent comme des individus fragilisés par l'expérience de l'Holocauste. On assiste aussi fréquemment à des démonstrations de grande solidarité en raison de ce triste passé. D'un autre côté, on nous accuse d'évoquer sans cesse l'Holocauste pour profiter d'un capital de sympathie. Certaines personnes nous disent, en substance, que les Juifs doivent cesser d'embêter tout le monde avec l'Holocauste et qu'ils devraient tourner la page car c'est déjà de l'histoire ancienne… Au sein même de la communauté, certains prétendent que les dirigeants se servent du souvenir de l'Holocauste pour culpabiliser les jeunes Juifs qui ne s'engagent pas suffisamment dans les organisations… Je ne tente pas de *profiter* de cet héritage même s'il fait évidemment partie de la mémoire collective des Juifs à travers le monde. Et je pose la question : est-ce que l'Holocauste sera encore un marqueur important de l'identité juive dans cent ans ? Je n'en suis pas certain… Les derniers témoins directs de l'Holocauste vont disparaître d'ici quelques années et, bien qu'il soit toujours regrettable de voir s'éteindre ses grands-parents, cela marquera déjà une rupture.

*Affirmez-vous avoir une identité uniquement juive ou une identité mixte ?*

Mon identification dépend du contexte et je n'aime pas avoir à choisir… Je me sens très attaché à la société québécoise et canadienne. Politiquement, je suis fédéraliste, mais je me sens également très attaché au Québec. Le Québec est mon lieu d'intervention tant au point de vue universitaire qu'au point de vue communautaire. Mon identité juive m'est également très chère. Mais je n'oppose pas mon identité ethnique et religieuse à mon identité civique ou nationale. Je ne prétends pas que l'une supplante l'autre ou qu'il existe entre elles une hiérarchie. Elles ont chacune leur importance, chacune leur poids et elles s'expriment dans différents contextes.

*Éprouvez-vous d'autres liens d'appartenance ? À Israël, par exemple, ou encore à la Pologne où vos parents sont nés ?*

Je suis allé pour la première fois en Pologne voici quelques années, à l'occasion du cinquantième anniversaire de la libération du ghetto de Varsovie. J'en ai profité pour visiter le village de naissance de mes parents, à une centaine de kilomètres de Varsovie. Je me suis rendu au cimetière de mes ancêtres. Il y avait des croix gammées sur les murs extérieurs du cimetière... Puis j'ai pris un petit bout d'une brique de l'ancienne maison de mes parents sans comprendre vraiment la raison de mon geste : nous n'avons plus aucun contact avec ce coin du monde. La majorité des membres de ma famille ont disparu durant la guerre. J'ai éprouvé un faux sentiment de nostalgie.

Quant à Israël, j'y suis allé quatre ou cinq fois. C'est un beau pays et j'ai beaucoup de parents qui y vivent. Je comprends l'attachement de la communauté juive de la diaspora à Israël, mais ce n'est pas mon pays. Le fait d'être juif dépasse les frontières. On n'a pas besoin de vivre en Israël pour vivre son judaïsme. Mon lien émotif est avec le Canada et le Québec, et je suis attaché à mon environnement montréalais.

*Parlez-vous yiddish ?*

Je comprends toujours le yiddish qui est ma langue maternelle, mais je le parle très mal. Cette langue a certainement une valeur culturelle, mais je crois que la culture juive se développera désormais surtout à travers l'hébreu. Je pense en anglais, mais je parle souvent le français à la maison. Puisque je maîtrisais mieux le français que mon épouse l'anglais, nous avons tout naturellement parlé français à la maison et nos enfants ont été élevés en français. Ils fréquentent maintenant une école anglophone où ils étudient également l'hébreu.

*Que pensez-vous du projet de souveraineté du Québec ?*

Je suis contre. Si j'ai de la sympathie pour la préservation de la langue française, je reste convaincu que l'option fédéraliste est la meilleure, même si je deviens moins fédéraliste lorsque je rencontre des gens qui ont une attitude très négative envers le Québec.

*Que pensez-vous des Juifs souverainistes ?*

Il n'y a que 5 % des Juifs qui sont souverainistes et c'est leur droit. Un Juif peut se montrer solidaire avec la cause souverainiste, mais je m'explique mal comment ce projet serait dans l'intérêt des communautés minoritaires. Évidemment, un membre d'une communauté minoritaire peut appuyer l'option souverainiste par solidarité avec la majorité québécoise, mais il s'agit alors de savoir de quelle majorité on parle...

Cela dit, des gens comme Henry Milner ont été souverainistes dans les années 1970 parce qu'ils croyaient que la souveraineté aurait permis d'enclencher des transformations socioéconomiques dans l'intérêt de l'ensemble de la société québécoise. Milner était de gauche et le mouvement souverainiste également. Aujourd'hui, ce n'est certainement plus le cas, et si l'on regarde les données de Statistique Canada, on constate que les francophones ne sont plus opprimés ou exploités économiquement.

Enfin, je suis contre l'idée qu'on puisse accuser un Juif souverainiste comme Salomon Cohen d'avoir trahi le Canada ou la communauté juive.

*Certains disent que les Juifs québécois en sont venus à comprendre les aspirations nationales de plusieurs Québécois en se rendant compte que les franco-catholiques forment également une minorité.*

Actuellement, la communauté juive perçoit la communauté franco-québécoise comme étant la majorité. J'ai d'ailleurs l'impression que la communauté franco-québécoise se considère elle-même selon le contexte comme une majorité ou comme une minorité. On dit parfois : « Nous sommes une minorité menacée en Amérique du Nord et nous devons donc nous protéger », parfois : « Nous sommes ici la majorité et il faut donc nous respecter ». Les Juifs doivent-ils alors s'identifier à la minorité en danger dans l'océan anglophone ou à la majorité dominante du Québec ? Ce qui rapproche Juifs et franco-catholiques, c'est plutôt le constat que les deux communautés cherchent à préserver leur identité culturelle. Cette notion de la survivance culturelle est réellement un dénominateur commun que l'on trouve dans les textes du jeune Mordecai Richler. Voilà une base pour un dialogue, d'autant plus que beaucoup de Canadiens français ne sont pas souverainistes. Comment alors parler de « nous » — franco-catholiques de souche — contre « eux » — les anglophones et les « votes ethniques » ?

Si Juifs et franco-catholiques peuvent s'entendre sur l'importance de protéger et de promouvoir leur culture respective, cela pose alors la question de savoir quelle forme politique est la plus à même d'accomplir cette tâche. Je crois que le cadre fédéral ne menace pas la langue française et la culture du Québec. Ce n'est peut-être pas ce que j'aurais dit voilà une ou deux générations, mais aujourd'hui le Québec n'a pas besoin de faire la souveraineté pour s'épanouir.

*Certains souverainistes tentent d'expliquer aux Juifs que l'indépendance du Québec est aussi légitime que l'indépendance d'Israël.*

L'exemple de l'indépendance d'Israël est dangereux, car je ne suis pas certain qu'Israël constitue aujourd'hui un modèle attrayant pour les gens qui veulent que le Québec devienne indépendant. D'ailleurs, mes amis arabes me disent que les souverainistes prennent également l'exemple de la lutte de libération nationale des Palestiniens pour les convaincre de la légitimité du mouvement souverainiste québécois. Il est risqué d'amalgamer ainsi nationalisme québécois, nationalisme juif et nationalisme arabe... Tant qu'on y est, pourquoi ne pas comparer le nationalisme québécois avec d'autres nationalismes moins glorieux, comme le nationalisme serbe ? C'est d'ailleurs ce que certains fédéralistes ont fait. Il faut admettre qu'une des choses qui ont fait du tort au mouvement souverainiste depuis environ dix ans, ce sont les images traumatisantes que les jeunes ont vues à la télévision en provenance de la Yougoslavie et qui ont discrédité le nationalisme. Par ailleurs, il serait hypocrite de dire que « tous les nationalismes sont néfastes sauf le sionisme », ou que « le sionisme n'est pas une forme de nationalisme ». C'est ridicule. Il est faux de prétendre que le nationalisme est toujours néfaste et dangereux par nature ; de même, il ne faut pas chercher à amalgamer tous les nationalismes.

Étant donné les guerres qu'ont engendrées les mouvements nationalistes ethniques dans le monde, les leaders souverainistes préfèrent ne pas aborder cette dimension dans leurs discours et ils parlent beaucoup plus de citoyenneté et d'universalisme que de questions culturelles et linguistiques. Il ne faut pas avoir honte de son origine ethnique et nationale. J'irais plus loin : la raison d'être de l'option souverainiste est incertaine si elle n'a pas une dimension ethnique. Si je peux donner un conseil aux leaders du Parti québécois, je leur suggérerais, s'ils veulent avoir des représentants de la communauté juive parmi leur députation, de cesser de présenter des candidats issus de minorités culturelles dans des circonscriptions gagnées d'avance par le Parti libéral. Le gouvernement du Québec doit faire des efforts pour intégrer dans le processus décisionnel et au sein de la fonction publique un nombre appréciable de membres des autres communautés culturelles quelle que soit leur option politique. Ni le Parti libéral du Québec ni le Parti québécois ne sont parvenus à résoudre ce problème de l'inclusion des membres des minorités dans la fonction publique de l'État du Québec.

*Si le Québec devient souverain, quelle sera, selon vous, la réaction de la communauté juive ?*

Des gens quitteront le Québec et d'autres resteront. Je crois qu'il y aura toujours une communauté juive au Québec. Si l'option souverainiste l'emporte finalement un jour, je respecterai ce choix car le mouvement souverainiste ne me paraît pas illégitime. Mais je serai déchiré dans mon attachement au Canada. De plus, la souveraineté du Québec ne réglera pas les problèmes identitaires de sa société. Bernard Landry m'a déjà dit : « Jack, lorsque nous serons souverains, nous serons plus unis car la souveraineté va rassembler tous les Québécois et les chicanes seront terminées. » C'est faux : la souveraineté ne va pas rapprocher les Québécois de tendances différentes. Le problème des relations intergroupes va s'aggraver dans un hypothétique Québec souverain. Ce sera un défi de taille.

# Julien Bauer

La religion, fondement de l'identité juive —
regard critique sur les dirigeants de la communauté
juive — les Juifs et la fonction publique
au Québec — la laïcité à la québécoise — les Juifs
hassidiques — les Juifs réformés — Israël

*Né en France dans une famille juive religieuse, Julien Bauer vit au Québec depuis 1967. Il s'est d'abord installé dans la ville de Québec où il a travaillé quelques années dans la fonction publique provinciale. « À Québec, se rappelle-t-il, il n'y avait qu'une toute petite communauté juive peu florissante. La majorité des jeunes Juifs de Québec désertait cette ville en invoquant principalement deux raisons. Ayant été refoulés des écoles francophones étant enfants, ils avaient poursuivi leurs études en anglais et devaient se rendre à Montréal pour continuer leurs études dans cette langue. D'autre part, la communauté était si restreinte qu'elle offrait peu de choix à qui voulait se marier. Encore aujourd'hui, il n'y a à Québec qu'un ensemble d'individus juifs plutôt qu'une véritable communauté juive. »*

*Julien Bauer migre lui aussi à Montréal dans les années 1970. Il est alors engagé comme professeur de science politique à l'Université du Québec à Montréal. C'est là qu'il nous reçoit. Il insiste vivement, tout au long de l'entrevue, sur l'importance d'une éducation religieuse afin d'assurer la continuité de l'identité juive, et ses réponses souvent ironiques ne manquent pas de force polémique.*

*Julien Bauer a commencé à travailler sur la question juive au début des années 1990. Il a d'abord dirigé, avec Lawrence Kaplan et Ira Robinson, un collectif s'intitulant* The Thought of Moses Maimonides : Philosophical and Legal Studies *(The Edwin Mellen Press, 1990), puis il a signé de nombreux titres dans la collection « Que sais-je ? », tels que* Les Partis religieux en Israël *(1991),* Les Juifs hassidiques *(1994),* La Nourriture cacher *(1996) et* Politique et

Religion *(1999)*. *Enfin, il a publié* Le Système politique canadien *(1998), toujours dans la même collection, et* Les Minorités au Québec, *aux Éditions du Boréal (1994)*.

Je prends la parole avant vous! D'entrée de jeu, je vous dis ceci : sachez que le débat sur l'identité juive ressemble au débat au sujet de la Constitution canadienne, car tous deux sont sans fin et monopolisent les esprits. Et dans les deux cas, on espère une solution simple et facile. Les parents juifs, par exemple, aimeraient que leurs enfants se sentent juifs sans effort, et c'est ainsi qu'on envoie les jeunes faire du tourisme pendant quelques semaines en Israël plutôt que de les placer dans une école juive ou de les inscrire à des cours sur le judaïsme. Les souverainistes, de leur côté, aimeraient convaincre les gens de voter pour la souveraineté en changeant simplement un point-virgule à la question référendaire. Ces approches simplistes me paraissent assez peu sérieuses. Dans les deux cas, on insiste sur les modalités en oubliant le but. Pour ma part, je considère qu'une identité juive qui n'a pas de fondements religieux n'a pas de chances raisonnables de subsister.

*Vous niez donc que l'identité juive puisse être constituée d'éléments indépendants de la pratique religieuse ?*

Les tentatives pour fonder une identité juive sur des bases purement laïques ne fonctionnent pas pour la bonne raison que si l'on évacue toutes les références religieuses, il est dès lors impossible de trouver une réponse satisfaisante à la question : qu'est-ce que l'identité juive ? À la limite, j'admets qu'on puisse

avoir une identité juive laïque lorsque l'on vit en Israël, car les
Juifs y sont majoritaires. Au contraire, dans les sociétés de la dia-
spora où les Juifs sont en minorité, seule la religion permet au
Juif de se distinguer des autres.

Prenons l'exemple d'un Juif non pratiquant qui élève ses
enfants au Québec. À la maison, il n'observera ni le Shabbat, ni
les fêtes religieuses juives telles que Hanouka. Il est même fort
possible qu'il achète un sapin pour Noël comme cela se fait souvent chez les Juifs d'ici. On ne pourra pas reprocher à ses enfants
devenus adultes de ne pas se sentir d'appartenance juive. Prenons
maintenant le cas des nombreux intellectuels juifs de la diaspora
qui parlent d'identité juive avec des trémolos dans la voix mais
qui avouent du même souffle n'avoir jamais lu de leur vie une
seule page du Talmud. Comment peuvent-ils comprendre
l'identité juive sans connaître les textes fondateurs, religieux par
essence ? Beaucoup de Juifs de la diaspora pensent que les textes
religieux sont bons pour les boutiques d'antiquités. Ces Juifs se
disent universalistes, ce qui est très sympathique, mais sur quel
fondement légitime pourront-ils rouspéter si leurs enfants et
leurs petits-enfants ne s'identifient pas en tant que Juifs ?

*Pourtant, d'autres éléments, comme la langue, pour n'en nommer
qu'un, sont souvent au cœur des imaginaires identitaires.*

Vous pensez à l'hébreu et au yiddish, sans doute. Mais hors
d'Israël, au nom de quoi un Juif parlera-t-il une langue — l'hébreu — qui n'est pas celle de la société dans laquelle il vit ? Prenons l'exemple d'A. B. Yoshua, écrivain reconnu, qui veut fonder
l'identité juive sur la langue hébraïque. Le Juif qui habite en
France peut lire ses livres dans leur traduction française et celui
qui réside en Angleterre ou aux États-Unis les lira dans leur
version anglaise… Pourquoi alors consacrer tant d'efforts à
apprendre l'hébreu, sinon pour des considérations religieuses ?
En réalité, la majorité des Juifs de la diaspora ne parlent au quotidien ni l'hébreu, ni le yiddish, ni le ladino★. D'ailleurs, ces

langues sont totalement différentes les unes des autres et ne pourraient donc pas être la source d'une identité commune entre les Juifs de la diaspora.

*Une identité culturelle ne peut-elle pas reposer sur l'histoire d'une communauté ainsi que sur ses traditions culturelles ?*

Mais qu'est-ce qui rapproche les Juifs de la diaspora si vous extrayez de l'identité juive la Bible, le Talmud et les dix commandements ? De quelle culture commune parle-t-on dans le cas d'un Juif polonais et d'un Juif marocain ? Peut-on réellement fonder une identité solide et claire en transmettant une sorte de nostalgie du bon vieux temps où les ancêtres vivaient en Pologne ou au Maroc ? De toute façon, cette époque est révolue à jamais. Et puis, ce bon vieux temps n'était pas si merveilleux. En Pologne, on vivait dans la frousse de se faire massacrer par des cosaques. Quant au Maroc, il n'y a pratiquement plus aucun Juif qui y habite, ce qui rend pour le moins suspect le mythe selon lequel la vie juive y était si facile. Bref, le seul point commun entre un Juif polonais et un Juif marocain réside dans leurs pratiques religieuses communes. Un enfant qui a vécu des soirées pascales et qui a grandi dans une famille qui observait le Shabbat en gardera toujours le souvenir, peu importe qu'il ait grandi en Pologne, au Maroc, à Paris, à Jérusalem ou à Montréal.

*Sherry Simon, qui est athée, dit tout de même tenir très fortement à son identité juive. Pour Simon, ce sont des romanciers comme Franz Kafka qui expriment le mieux sa propre expérience identitaire, c'est-à-dire une identité juive qui se comprend comme une manière de voir le monde à partir de la marge.*

Il s'agit d'une vision catholique du judaïsme ! On constate que les autres nous ont marginalisés et même parfois opprimés — ce qui est vrai — et l'on revendique cette marginalisation forcée comme un signe distinctif de notre identité. Mais qui a envie d'être marginal toute sa vie uniquement parce que cela correspond à une sorte de malédiction imposée par d'autres ? « Je suis juif parce que je suis marginal et Kafka est mon symbole ! » Voilà un bien curieux message à transmettre à nos enfants… De toute évidence, la majorité des gens ne s'y identifieront pas. Poussée à sa limite, cette valorisation de la marge mène certains Juifs à déclarer: « Moi, je ne peux pas vivre en Israël car je ne tolère pas le fait d'être majoritaire. »

Et puis, l'identification par les arts est en grande partie un mythe. Est-ce qu'un enfant français se considère comme français parce qu'il a étudié Molière ou Corneille ? Non. De la même façon, l'enfant juif peut bien étudier Kafka et Chagall, mais cela ne suffit pas. En plus, je peux bien être un Arabe chrétien et m'identifier à Kafka, à Chagall, à Molière ou à Shakespeare.

*Également athées, Salomon Cohen et Harry Gulkin affirment pour leur part que leur identité juive se définit en grande partie par une sensibilité particulière aux problèmes sociaux et à la discrimination justement parce que les Juifs ont historiquement souffert de discrimination sur les plans légal, politique, économique, etc.*

Il est vrai qu'historiquement et religieusement l'aide aux pauvres est un élément important du judaïsme. Il est également vrai que la connaissance de l'histoire juive accentue la sensibilité aux problèmes liés à l'exclusion. On prétend alors que l'« âme juive » est particulièrement sensible aux problèmes sociaux. C'est vrai. Mais les Juifs ne doivent pas devenir ethnocentriques au point de dire que les Juifs sont naturellement plus charitables que les autres. Après tout, on n'a pas besoin d'être juif pour s'intéresser au problème de la pauvreté au Québec. Autrement dit, ces définitions de l'identité juive ne visent qu'à flatter la bonne conscience et à minimiser la terrible difficulté à laquelle on fait face lorsque l'on tente de définir une identité juive laïque… Entendons-nous bien : je ne ridiculise pas les Juifs athées qui proposent des réponses laïques à la question de l'identité juive, mais je doute fortement qu'on puisse transmettre une identité reposant uniquement sur des notions vagues comme la marginalité ou l'engagement social. D'ailleurs, presque tous les dirigeants des mouvements révolutionnaires juifs si importants au début du XXe siècle avaient des connaissances religieuses même s'ils ne croyaient pas en Dieu. À Montréal, il existait un réseau d'écoles socialistes où les professeurs athées ne transmettaient pas les *croyances* aux élèves mais leur enseignaient tout de même la connaissance de la religion, des textes et des rituels. Un antireligieux sait à quoi il s'oppose quand il va manger un gros sandwich au jambon devant la synagogue le jour du Yom Kippour. Ceux qui ignorent tout de la religion me posent davantage de problèmes, même si je ne leur reproche pas de ne pas savoir ce qu'on ne leur a pas enseigné.

Lorsqu'on s'intéresse à la survie d'une communauté d'un point de vue non pas idéaliste mais pragmatique, une seule préoccupation importe : comment faire en sorte que les membres des générations futures se sentent partie prenante de la communauté et y jouent un rôle actif? Hors d'Israël, il y a chaque jour plus de Juifs qui meurent que de Juifs qui naissent. Dans la diaspora, seul le nombre de Juifs religieux augmente parce qu'ils ont plus d'enfants et parce que la quasi-totalité de ces enfants se reconnaissent comme juifs toute leur vie. Une des responsabilités qui incombent aux dirigeants de la communauté est précisément de déterminer quel type d'éducation juive transmet une identité claire et assure qu'un nombre raisonnable d'individus seront actifs dans la communauté dans les générations à venir. Si l'on constate que les enfants de tel type d'école sont ceux qui deviennent les plus actifs dans la communauté, on saura alors que c'est ce type d'école qu'il faut privilégier. Si cet enseignement est efficace, je dois considérer qu'il est bon, même s'il ne correspond pas nécessairement à ma philosophie personnelle. Que l'école en question soit de telle ou telle tendance philosophique ou religieuse ne me regarde plus.

Certains parents pensent qu'il est préférable de ne pas

donner d'enseignement religieux aux enfants pour préserver leur liberté de choix. On prétend alors que ces enfants devenus adultes seront libres de choisir entre l'athéisme, d'un côté, et les diverses religions, de l'autre. Mais l'ignorance ne rend pas libre. Comment l'individu peut-il choisir librement s'il ne connaît rien à la religion ? Résultat : beaucoup de jeunes adultes israéliens visitent Katmandou où ils découvrent du même coup un gourou et le nirvana. Ils sont en quête d'absolu, et comme ils n'ont jamais reçu d'enseignement portant sur leur propre religion, ils se rabattent sur une religion exotique. On les entend souvent dire que le judaïsme est suranné et n'apporte aucune réponse ! Cette affirmation est loufoque puisque la majorité de ces jeunes n'ont aucune connaissance réelle du judaïsme. Bien sûr, quelqu'un a parfaitement le droit de ne pas croire en Dieu, ainsi que le droit de renier sa religion s'il se rend compte qu'elle ne lui plaît pas. Mais si l'on est en quête d'absolu, pourquoi ne pas apprendre à connaître l'absolu offert par sa propre culture avant d'aller voir l'absolu que propose le voisin ?

*Dans son livre* L'Identité juive, *André Neher déclare ceci : « "Nous sommes tous dans un même paysage", écrivait Franz Rosenzweig en parlant des Juifs, et c'est vrai que, religieux ou laïcs, sionistes ou assimilateurs, spiritualistes ou marxistes, oui, c'est vrai que nous sommes tous, en tant que Juifs, dans un même paysage [...] [C]e paysage a un nom, oh, un nom difficile à énoncer, parce qu'il est dialectique, parce que nous sentons qu'il est fait de deux thèmes contradictoires et pourtant indéchirablement liés, et ces deux thèmes sont : Auschwitz et Israël. [...] le peuple juif sent et sait que, par Auschwitz et Israël, il est d'un côté, et le monde entier, de l'autre. »*

Nombreux sont les Juifs athées qui ont remplacé la croyance religieuse par le souvenir d'Auschwitz — le passé — ou par l'État d'Israël — l'avenir. Cela semble permettre de fonder une identité juive laïque. Or, on peut très bien être juif et ne pas se limiter à Auschwitz et à Israël. Je connais des Juifs qui disent : « Ce qui est arrivé à Auschwitz est très triste, mais c'est du passé. Quant à Israël, ce n'est pas *mon* pays. »

*Permettez-nous une touche d'insolence : tout en paraissant proposer une approche pragmatique dénuée d'idéalisme, vous insistez sur l'héritage religieux pour assurer la continuité de l'identité juive. Or, ne prêchez-vous pas ainsi pour votre « paroisse », puisque vous êtes vous-même croyant ?*

Pas forcément. Prenons l'exemple des écoles ultrareligieuses hassidiques. Le hassidisme ne correspond pas à ma philosophie personnelle, mais cela ne m'empêche pas de constater que l'approche hassidique assure la continuité de l'identité juive. Je n'enverrais pas mes propres enfants dans les écoles hassidiques parce que je ne suis pas d'accord avec leur approche pédagogique, mais je peux malgré tout admettre que ces écoles permettent de transmettre une forte identité juive. Mieux, je dois même reconnaître — si je suis le moindrement honnête envers moi-même — que les Juifs hassidiques font plus que moi pour assurer la continuité de la communauté juive au Québec... Je dis donc simplement que si l'on se préoccupe de la continuité de l'identité juive, il faut à tout le moins qu'on enseigne dans les écoles juives l'histoire religieuse aussi bien que les rituels. Cela dit, je ne prétends pas qu'il y ait une seule façon d'offrir ce type d'enseignement.

*Quelle est votre perception des orientations générales des dirigeants de la communauté juive au Québec ?*

La direction de la communauté juive se comporte en fait exactement comme la direction de la communauté québécoise : on fait des deux côtés comme si les choix à faire étaient uniquement de nature comptable. La politique du déficit zéro menée par le gouvernement du Québec se résumait ainsi : « Il faut absolument atteindre le déficit zéro, et ce sont les comptables qui vont nous dire où faire des compressions ». Du côté juif, on adopte une attitude similaire : « L'identité et l'éducation sont importantes, soit, mais il importe avant tout que ça ne coûte pas cher. » Je comprends qu'on ait besoin d'argent pour payer les services, mais quand la préoccupation au sujet du coût du service devient plus importante que le résultat pour la population, il y a quelque chose qui ne tourne pas rond. Malgré les apparences, les Juifs d'ici sont donc beaucoup plus québécois qu'ils ne le croient et que les autres ne le croient. Ainsi, et contrairement à ce qui se passe ailleurs en Amérique du Nord, on insiste ici nettement plus sur les droits collectifs que sur les droits individuels. Ailleurs dans la diaspora, les Juifs ont généralement tendance à se méfier des droits collectifs, car ils en ont régulièrement souffert. Les dirigeants du Québec et ceux de la communauté juive d'ici croient qu'il existe des « intérêts supérieurs » du Québec, dans un cas, ou de la communauté juive, dans l'autre. Et ces intérêts supérieurs sont bien sûr toujours définis par les dirigeants eux-mêmes. Si vous remettez en question ces intérêts supérieurs définis par les dirigeants, on vous traite de doux rêveur qui ne comprend rien à rien, ou d'enquiquineur qui passe son temps à remettre en cause l'ordre établi. L'autre problème, c'est qu'un petit nombre de personnes se partagent les postes les plus influents où ils siègent de façon quasi permanente. Dans ce cas-là, les Juifs ne sont pas différents des autres Québécois. Or, si j'admets que les dirigeants donnent souvent beaucoup de leur temps et de leurs sous, je sais aussi que ce n'est pas forcément parce qu'on donne son temps et son argent qu'on a de bonnes idées…

Résultat, les gens délaissent les grandes organisations comme le Parti québécois, le Parti libéral ou encore les grands organismes de la communauté juive et s'investissent sur le terrain dans une école, une colonie de vacances, un centre pour personnes âgées ou un refuge pour femmes battues. Ils ont enfin l'impression que ce qu'ils disent et ce qu'ils font a vraiment un impact.

Je crains que dans les années à venir le décalage entre les dirigeants de la communauté juive et la communauté elle-même
n'aille en s'accentuant. En effet, si vous êtes un Juif peu ou pas
religieux aujourd'hui, il y a de fortes chances que vous envoyiez
vos enfants à l'école publique où ils ne recevront pas d'éducation
juive, ni religieuse, ni culturelle. De plus, comme la majorité des
Juifs peu ou pas religieux sont eux-mêmes allés à l'école anglaise,
il y a de fortes chances qu'ils se prévalent de leur droit d'envoyer
leurs propres enfants dans le réseau scolaire anglophone. Par
contre, si vous êtes religieux, vous enverrez vos nombreux
enfants à l'école juive où l'enseignement religieux *et* l'enseignement du français sont obligatoires. Autrement dit, d'ici quelques
années, les Juifs religieux parleront mieux le français que les Juifs
assimilés. En outre, les dirigeants de la communauté juive généralement peu ou pas religieux et généralement anglophones
vont représenter les intérêts d'une communauté de plus en plus
religieuse et francophone. On pourrait espérer que les dirigeants
céderont alors leurs places à des leaders plus représentatifs, mais il
ne va pas de soi qu'un Juif anglophone plus ou moins assimilé
qui est directeur ou trésorier d'un organisme juif voie d'un bon
œil le fait que son poste soit convoité par des Juifs religieux et
francophones dont il ne comprend que très mal les valeurs et les
idéaux religieux tout autant que sociopolitiques.

*Dans votre livre portant sur les minorités culturelles, vous comparez*
*le programme canadien — le « multiculturalisme » — et le pro-*
*gramme québécois — la « convergence culturelle » — et vous en*
*arrivez à la conclusion que ces programmes servent surtout de lieux*
*de rencontres aux élites des groupes communautaires et aux élites*
*gouvernementales.*

Les ministres aussi bien fédéraux que provinciaux aiment
bien ces programmes, car ils leur permettent d'entretenir de
bons contacts avec les « barons ethniques ». Cela leur permet
d'acheter la paix sociale à un coût minime. À défaut de gagner

leur vote, on s'assure au moins que ces « barons ethniques » ne
protesteront pas publiquement. L'ennui, c'est que ces dirigeants
de groupes minoritaires sont par définition des gens qui ont
réussi socialement. Le mythe de la représentativité n'a rien de
nouveau : ce ne sont pas les ouvriers en usine qui ont la possibilité de siéger à des comités. Et les intérêts des bons bourgeois
qu'on investit de la représentativité ne sont pas nécessairement
ceux des gens de la base. L'État cherche à se faciliter la vie en
ayant quelques interlocuteurs privilégiés. Dans le cas des dirigeants d'un organisme juif, par exemple, on prétend tant du côté
du gouvernement que du côté des organismes communautaires
juifs qu'ils représentent l'ensemble des Juifs du Québec, tout
comme on prétend que les représentants du gouvernement du
Canada ou de celui du Québec parlent au nom de l'ensemble de
la population. Les élites s'entendent entre elles car elles ont tout
intérêt à exagérer leur propre représentativité et à nier que les
communautés qu'elles représentent sont beaucoup plus diversifiées qu'on ne le pense généralement. Résultat, les représentants
ne s'occupent pas des vrais problèmes.

*À quoi les dirigeants juifs et les politiciens québécois devraient-ils
s'attarder en priorité en ce qui a trait aux Juifs québécois ?*

L'avenir de la communauté juive au Québec ne dépend pas
que des Juifs ; il dépend en grande partie de la volonté du gouvernement d'ouvrir les portes de la fonction publique à des
membres des communautés culturelles. Il faut savoir que même
si 20 % des Québécois ne sont pas d'origine franco-catholique,
les membres des communautés culturelles ne comptent que
pour 2 % de la fonction publique. Le gouvernement transmet
aux membres des minorités culturelles le message qu'ils ont
moins de chances que leurs voisins franco-catholiques de se
trouver un travail dans la fonction publique, le plus important
employeur du Québec. La communauté juive, pas plus qu'une
autre, ne peut changer cette réalité : il appartient à la majorité, ou

plus précisément à ses dirigeants, de changer l'état des choses. Aucun des programmes lancés jusqu'ici pour intégrer les membres des communautés culturelles dans la fonction publique n'a marché. Et contrairement à l'idée reçue, l'absence des Juifs dans la fonction publique ne vient pas du fait qu'ils ne parlent pas français, puisque la quasi-totalité des jeunes sont bilingues.

*Mais vous étiez vous-même fonctionnaire dans les années 1960...*

C'est vrai. Il y avait à l'époque trente mille fonctionnaires et nous étions *trois* Juifs, aucun d'ailleurs n'étant né au Québec... Et aucun des trois n'est resté dans la fonction publique précisément parce que ce n'est pas toujours agréable d'être *le* Juif de service. De la même manière, je me rappelle qu'on exhibait partout à l'époque la première femme sous-ministre en disant : « Voyez, nous ne sommes pas sexistes puisque nous avons une femme sous-ministre. » S'il est aujourd'hui normal que des femmes soient cadres (et je ne prétends pas que ce soit toujours facile pour elles), il n'est toujours pas commun que des membres des communautés culturelles le soient.

Mon expérience dans la fonction publique m'a surtout démontré à quel point les communautés culturelles vivaient en vase clos. Pendant mon séjour à Québec, je menais pour le ministère de la Famille et du Bien-être social une enquête sur les différents systèmes d'aide sociale aux communautés dans la région de Montréal. Lorsque je partais de Québec pour aller faire mon enquête, on me disait : « Ah ! tu vas voir les étrangers », alors que la majorité de ces gens que j'allais interroger étaient nés à Montréal. De l'autre côté, la première fois que je suis allé rencontrer les responsables des services communautaires juifs, personne ne s'est douté à aucun moment que j'étais juif. Ils m'ont donc tout expliqué, me disant par exemple : « Hanouka, c'est un peu comme votre Noël » ! La situation s'est beaucoup améliorée, mais on ne devrait pas parler des « deux solitudes » mais plutôt de la « bonne douzaine de solitudes ».

*Vous ne portiez donc pas la kippa à l'époque ?*

En fait, je mettais la kippa chez moi et je l'enlevais pour sortir, ce qui était totalement schizophrénique. Un beau jour, je me suis aperçu à quel point c'était absurde.

*À partir du moment où vous avez décidé de porter la kippa en tout temps, vous êtes devenu en quelque sorte membre d'une minorité visible…*

Avec le temps, le concept de minorité visible est devenu complètement loufoque. Cette catégorie a d'abord été établie pour venir en aide à un groupe spécifique, les Noirs, qui en avaient réellement besoin. Selon les normes gouvernementales, le Juif hassidique ne fait pas partie d'une minorité visible, alors qu'un Libanais blanc sera considéré comme membre d'une minorité visible. L'idée que quelqu'un qui est né au Liban serait « visible » mais qu'un autre né en Grèce ou en Sicile ne le serait pas me semble absurde.

*Aujourd'hui, vous êtes professeur de science politique à l'Université du Québec à Montréal, où la majorité des professeurs sont franco-catholiques. La vie d'un Juif y est-elle plus facile que dans la fonction publique ?*

L'université est officiellement francophone, ce avec quoi je suis totalement d'accord. Elle est aussi officiellement laïque, ce qui veut dire qu'elle ne fait pas de discrimination basée sur l'appartenance religieuse quelle qu'elle soit. L'ennui, c'est que cette supposée laïcité signifie qu'on peut poser des jugements discriminatoires envers les religions minoritaires tout en conservant intacts certains rituels hérités de la religion chrétienne majoritaire. À l'UQAM *laïque,* nous avons ainsi congé le 25 décembre pour Noël et mon syndicat *laïque* invite chaque année tous les professeurs à une fête organisée à cette occasion. On considère donc comme tout à fait légitime que je fête, moi, Noël, et l'on me donne congé pour l'occasion. C'est bien sûr très gentil, mais ce même syndicat laïque n'organise évidemment pas d'événements pour souligner les fêtes musulmanes ou juives, par exemple, même si certains de ses membres sont musulmans ou juifs. Par ailleurs, ce même syndicat laïque ne bronche pas le moins du monde quand on rejette la requête d'étudiants juifs qui demandent à ne pas passer d'examen le samedi, jour du Shabbat. Une étudiante juive a récemment quitté l'UQAM parce qu'on jugeait sa requête irrecevable. Voilà l'exemple d'une « grande victoire » de la laïcité revue et corrigée par l'administration de mon université et l'exécutif de mon syndicat.

Et puisque l'on parle de l'université, j'aimerais rappeler que, contrairement à l'idée généralement admise, ce n'est pas parce que les gens sont peu scolarisés qu'ils sont racistes. Un des problèmes de la société consiste à croire que la bêtise d'un individu est toujours inversement proportionnelle à son nombre de diplômes, et c'est précisément ce que croient de nombreux dirigeants de la communauté juive. Or, je n'ai jamais eu à essuyer la moindre manifestation d'intolérance de la part de mes étudiants ni non plus en dehors des milieux intellectuels, alors que certains de mes collègues, c'est-à-dire des intellectuels, ont exprimé un malaise par rapport à mon appartenance religieuse. Bien sûr, les préjugés chez les gens très scolarisés sont souvent bien articulés et appuyés par toutes sortes de justifications ayant une apparence sérieuse. Cela n'en reste pas moins de l'antisémitisme…

Il y a quelques années, un jeune néonazi a obtenu une maîtrise en science politique à l'Université Laval après avoir affirmé dans son mémoire que « les chambres à gaz constituaient un moyen relativement humain de tuer les gens car elles ne les faisaient pas souffrir indûment ». Voilà qui n'est ni de la science politique ni de la science, mais on lui a octroyé son diplôme car il avait respecté les normes méthodologiques de la discipline… À la suite d'une polémique publique, l'Université Laval a décidé de mettre sur pied un programme de sensibilisation… Je suis désolé, mais ce n'est pas une campagne d'affichage sur l'amitié entre les êtres humains qui va convaincre l'étudiant qui a écrit de pareilles obscénités qu'il a tout faux. Et puis, on n'a tout de même pas à expliquer aux gens, qui plus est à des professeurs d'université, que ce n'est vraiment pas *gentil* de chercher à exterminer un peuple !

*Vous avez publié un livre sur les Juifs hassidiques. Comment sont-ils perçus dans la communauté juive non hassidique ?*

On connaît en général très mal les Juifs hassidiques. Quelqu'un m'a dit un jour à leur propos : « Ce sont des gens qui ne savent pas penser. » Il faut avoir un culot monstre pour dire cela de quelqu'un qui, tous les jours, passe des heures et des heures à étudier. Certains s'imaginent aussi que les hassidim partagent tous les mêmes positions religieuses et politiques, ce qui est faux. D'autres disent qu'ils sont plus juifs que les autres, affirmation avec laquelle je ne suis pas d'accord. Ils sont juifs différemment et ils ont une vision du monde qui n'est pas la seule vision juive qu'on puisse avoir. Il existe enfin à leur égard une sorte de mauvaise conscience de la part de certains Juifs qui consiste à dire, comme je l'ai très souvent entendu : « Moi, je peux me permettre de ne pas respecter toutes les coutumes et traditions parce que ceux-là le font à ma place et assurent la permanence de l'identité juive. »

*Les réactions les plus chargées émotivement à l'encontre des communautés hassidiques concernent souvent la situation de la femme…*

Il y a une séparation totale des sexes, c'est un fait. Garçons et filles fréquentent des écoles différentes et la vie religieuse publique est réservée aux hommes. Cependant, un changement de mentalité a commencé à s'opérer voilà environ deux générations. Après la Première Guerre mondiale, les Juifs hassidiques et orthodoxes ont commencé à ouvrir des écoles pour les filles où le programme n'était pas strictement religieux, comme celui qui est offert aux garçons. Les filles apprenaient la langue de la région, le calcul, l'histoire et la géographie ainsi que des éléments de la culture religieuse. Cet enseignement se faisait d'ailleurs dans un style plus occidental — plus rationnel et incluant des notions d'histoire et de philosophie juives — que dans le cas de l'enseignement réservé aux garçons. Conséquemment, les femmes ont un niveau d'instruction générale plus élevé que celui des hommes. De même, elles occupent souvent un emploi à l'extérieur de la maison, et lorsque l'on rapporte de l'argent à la maison, cela donne inévitablement du pouvoir. Et puisqu'elles ont maintenant davantage d'éducation religieuse, elles sont plus en mesure de démasquer les baratineurs !

Officiellement, le mari est toujours le chef de famille, mais officieusement, les femmes ont leur mot à dire. Par exemple, elles participent de plus en plus aux décisions concernant l'éducation. Elles sont donc en train de prendre du pouvoir dans le système, d'y gagner en influence. Tout cela ne veut pas dire, bien sûr, qu'elles soient des femmes libérées. Et il ne faut pas oublier qu'elles n'ont aucune influence en ce qui a trait à la synagogue, véritable cœur de la communauté.

*Que pensez-vous des Juifs réformés ?*

Ce sont des gens éminemment sympathiques. L'ennui, c'est qu'ils disparaissent rapidement, car de tous les Juifs qui se réclament du judaïsme, les réformés sont ceux qui ont le moins d'enfants, ceux dont les enfants reçoivent l'enseignement religieux le plus limité et ceux qui pratiquent le plus le mariage mixte. Dans les synagogues réformées, les lois religieuses sont déterminées par le comité du rituel, ce qui convient bien à l'idée, aujourd'hui largement répandue au Québec, selon laquelle la croyance religieuse est une matière de choix entièrement personnel. Ainsi, l'individu est généralement jugé libre de se constituer une croyance qui amalgame quelques éléments de judaïsme, de christianisme, de bouddhisme, etc. Cela peut vous aider à vous sentir bien dans votre peau, mais on est en droit de douter que cela permette à la communauté de se perpétuer. De la même façon, les réformés s'adaptent à la mode du jour, et j'ai du mal à comprendre comment une culture en perpétuel changement se transmettra de génération en génération. Il n'est donc pas surprenant de constater, lorsqu'on étudie des tableaux statistiques démographiques qui prévoient le nombre d'individus s'identifiant comme juifs dans l'avenir, que pour un couple de Juifs ultra-orthodoxes d'aujourd'hui qui aura six ou sept enfants, il y aura plus de cent Juifs ultra-orthodoxes dans trois générations. Dans le cas des Juifs réformés, la courbe est inversée.

*Vous avez également écrit un livre sur les partis politiques religieux en Israël. Que représente Israël pour les Juifs du Québec ?*

L'actualité israélienne prend souvent les gens d'ici aux tripes et Israël est devenu un élément central de l'identité juive, un élément peut-être même encore plus marquant chez les Juifs non croyants. Comme je le disais au début de notre entretien, on considère comme important d'envoyer les jeunes passer trois semaines en Israël pour qu'ils prennent conscience du fait que des Juifs vivent dans un pays juif. Tous les jeunes qui vont en Israël rapportent d'ailleurs une canette de Coca Cola au lettrage hébreu. C'est le symbole qu'on peut être juif et faire partie du monde contemporain ; c'est le symbole de la fin de la marginalité juive. On peut même affirmer qu'Israël est devenu le symbole du judaïsme non seulement pour les Juifs, mais aussi pour les antisémites. Au Moyen Âge, les antisémites brûlaient le Talmud ; aujourd'hui, ils brûlent le drapeau israélien.

*Y a-t-il malgré tout des Juifs antisionistes ?*

Avant la création de l'État d'Israël, les sionistes croyaient qu'un État juif attirerait tous les Juifs et marquerait la fin de la diaspora, alors que de nombreux Juifs même très religieux n'étaient pas favorables au sionisme. Les ultra-orthodoxes et les hassidim étaient massivement contre la fondation d'un État juif, car cette idée leur semblait n'incarner que des idées politiques modernes. À ceux qui proposaient le sionisme comme réponse à la question juive dans la diaspora, ils répondaient : « Dieu sait mieux que nous ce qui est bon pour nous et Il nous sauvera en temps et lieu. » Et il y avait les membres du Bund, un important mouvement socialiste d'Europe de l'Est, qui voyaient dans le sionisme un idéal petit-bourgeois et qui préféraient mener la lutte des classes là où ils étaient tout en défendant la culture juive et yiddish. Les hassidim et les bundistes n'ont donc pas cru bon d'émigrer; ils sont restés en Europe centrale, les uns pour prier, les autres pour participer à la révolution communiste. Résultat, ils se sont fait massacrer d'abord par les nationalistes, puis par les nazis, et les survivants ont été victimes de Staline. Comme des pays tels que le Canada n'ont pas ouvert leurs portes aux Juifs pendant la période nazie et ont attendu des années après la guerre pour accepter des rescapés de l'Holocauste, la majorité des quelques hassidim et bundistes survivants se sont réfugiés en Israël, le seul pays qui les acceptait. Aujourd'hui, presque tous les Juifs sont heureux de la fondation d'Israël, même si certains ont des réserves à l'égard de certaines politiques israéliennes.

On accuse souvent les ultra-orthodoxes tout comme les partis d'extrême gauche d'être « antisionistes », mais cette étiquette répond avant tout à une fonction polémique. Il est plus facile de discréditer les ultrareligieux en les traitant à tort d'antisionistes que d'expliquer qu'ils sont antimodernes et qu'ils rejettent notre mode de vie. À l'exception d'une infime minorité, qui fait beaucoup parler d'elle, les ultrareligieux ont tous accepté Israël comme élément important de la vie juive contemporaine sans toutefois lui accorder une signification religieuse.

Il reste néanmoins une infime minorité de Juifs ultrareligieux qui vivent en Israël mais qui sont opposés à l'État d'Israël : ces gens n'ont pas la citoyenneté israélienne, ne votent pas aux élections et ne font pas leur service militaire. Certains refusent même l'assurance chômage et l'allocation familiale, mais c'est déjà plus rare ! Plus nombreux sont les Juifs israéliens pour qui la vie doit être entièrement consacrée à l'étude des textes sacrés. Du coup, ils ne travaillent pas et ne font pas non plus leur service militaire. Bien sûr, ils sont très critiques envers la frange laïque de la société israélienne et ils préféreraient que le régime politique soit théocratique, mais ils vibrent d'amour pour la terre d'Israël et ils savent qu'ils ont besoin de la protection de la police et de l'armée israéliennes pour aller prier sur la tombe des patriarches à Hébron, ville qui relève de l'Autorité palestinienne. Ils ne veulent pas que leurs enfants fassent leur service militaire, mais ils sont très contents que les soldats les protègent. Lors de la guerre du Kippour, un Juif ultrareligieux est allé voir son rabbin pour lui demander conseil. « Doit-on, oui ou non, faire la guerre le jour du Kippour ? » a demandé le Juif à son rabbin. Non seulement ce dernier lui a dit qu'il s'agissait d'un devoir religieux de défendre le pays lorsqu'il est attaqué, mais il a aidé cet homme à monter dans le camion militaire pour lui faire comprendre que la défense du pays attaqué est plus importante que l'observance de la fête du Kippour. Cette anecdote révèle bien le rapport ambigu qu'entretiennent les Juifs ultra-orthodoxes en Israël et l'État israélien.

*Au fil de cet entretien, nous avons compris à quel point vous considérez comme important l'enseignement des croyances et des pratiques pour la continuité de l'identité juive. Or, vous n'êtes pas sans savoir que plusieurs trouvent la vie religieuse juive excessivement compliquée et mal adaptée à la vie contemporaine en raison de ses nombreuses règles et interdictions concernant entre autres la nourriture. C'est d'ailleurs un des arguments des Juifs réformés de la diaspora pour assouplir les règles. Tout en critiquant les réformés pour leur laxisme, le philosophe israélien Yeshayahu Leibowitz, lui-même profondément croyant, note que la fondation de l'État d'Israël rend nécessaire une modernisation des règles. Selon Leibowitz, ces règles ne seraient pas adaptées à un pays comme Israël où les Juifs sont massivement majo-*

*ritaires, car selon les règles actuelles, les Israéliens pratiquants doivent espérer secrètement qu'un nombre important de leurs compatriotes n'observeront pas les règles du judaïsme, sans quoi le pays ne fonctionnerait tout simplement pas. Leibowitz croit que les règles devraient être transformées pour que chaque Juif puisse, en principe, les observer sans que cela menace la survie même de l'État d'Israël.*

Avant la fondation d'Israël, Yeshayahu Leibowitz affirmait que l'État juif devrait observer toutes les règles religieuses. Une fois l'État fondé, il a changé d'idée. Il est vrai que les Juifs israéliens doivent faire fonctionner les hôpitaux, les postes de police et les casernes de pompiers pendant le Shabbat et les autres fêtes religieuses. Pour les Juifs de la diaspora, la situation est plus facile car on sait que des non-Juifs assurent les services essentiels pendant les jours de fêtes. Mais il ne faut pas oublier qu'il est toujours possible d'interpréter les textes de manière telle qu'on puisse s'adapter à des situations à première vue très problématiques. Donnons un exemple typique qui permet de voir comment on peut interpréter les textes pour s'adapter. Un jeune Juif pratiquant faisait son service militaire dans la région de la mer Morte et il devait patrouiller en jeep pour assurer la protection des baigneurs contre une éventuelle attaque terroriste. Or, en conduisant sa jeep le jour du Shabbat, le jeune homme transgresse les règles religieuses. Il va trouver son rabbin pour lui demander conseil et ce dernier lui dit : « N'oublie pas que ton devoir de protéger la vie prévaut contre celui de respecter le Shabbat. » Autre exemple tout aussi évocateur : les ultrareligieux sont devenus des experts en culture hydroponique puisque ce type de culture sans terre permet d'éviter l'obligation sabbatique prescrite par la Bible de laisser la terre se reposer une année sur sept. Il y a donc non seulement moyen de suivre les règles, mais l'obligation de les respecter pousse même des ultrareligieux à développer leurs compétences techniques. Bref, le judaïsme religieux a les ressources nécessaires pour s'adapter à l'existence d'une société à majorité juive.

*Pour conclure, quelle est l'identité de Julien Bauer ?*

Je déteste cette question typiquement québécoise ! Ici, tout le monde me pose cette question, car on pense que tout le monde doit avoir sa petite étiquette. Dernièrement, tous les employés de l'UQAM ont reçu un *Questionnaire d'auto-identification personnelle*. On nous demandait : « Êtes-vous blanc, noir, visible, invisible, etc. ? » Le questionnaire, prévu par les législations canadienne et québécoise, est un condensé d'inepties. J'ai envoyé une lettre expliquant mon refus de participer à pareil exercice.

Évidemment, je suis juif. Mais lorsque je croise un autre Juif, il pense que je suis un sépharade d'origine marocaine parce que je parle français. Hé non ! J'ai été élevé dans un milieu largement sépharade, mais je suis né en France et je suis ashkénaze. « Ashkénaze, me dit-on, alors vous parlez sûrement yiddish ». Hé non ! « Mais ce n'est pas *normal* », s'exclame-t-on. Et pourtant, c'est comme cela.

En fait, la quasi-totalité des gens ne savent pas ce qu'ils sont, car ils sont à la fois ceci et cela. On peut être tout à la fois juif, québécois, syndicaliste, professeur de science politique, etc. Voilà des facteurs d'hybridité. Tout le monde a des identités hybrides, car des identités uniques, cela n'existe tout simplement pas. Nous avons tous des identités multiples, constituées d'une identité culturelle, d'une identité sociale, d'une identité professionnelle, etc. Et lorsqu'on tente d'imposer des identités uniques et stables, cela conduit à des régimes totalitaires. Quant au ghetto, il est peut-être sécuritaire, mais il n'offre qu'une vie appauvrie.

*Vous n'êtes donc pas si éloigné de Sherry Simon, pour qui l'identité ne peut être qu'hybride ?*

Je ne voue pas un culte à l'hybridité et mon but n'est pas d'être hybride. À moins de vouloir être tout et le contraire à la fois, je crois nécessaire d'avoir un pôle identitaire central sur lequel viennent se greffer d'autres éléments. Le fait de participer à plusieurs sous-cultures, et nous le faisons tous consciemment ou inconsciemment, nous permet de mieux comprendre notre identité centrale ainsi que le monde qui nous entoure. Maïmonide, le grand philosophe juif du Moyen Âge, fournit de cela un parfait exemple. Scientifique, médecin, philosophe connaissant les philosophies grecque et arabe, il était à l'aise avec les approches dites occidentales et les approches dites orientales. Mais il était d'abord et avant tout juif. Au lieu de se perdre dans le monde en oubliant son identité, il a apporté et aux Juifs et au monde une interprétation riche et originale des relations entre la foi et le rationalisme.

L'identité juive n'est pas monolithique ; elle n'est pas non plus un fourre-tout hybride. Elle comprend un centre — l'appartenance à une religion, le judaïsme, et à un peuple, le peuple juif — et de multiples périphéries. Seule la présence d'un centre assure la permanence.

# Pierre Troin

Orthodoxes et hassidim — art et orthodoxie —
raison et foi — la vie quotidienne et les lois
orthodoxes — la fausse laïcité du Québec —
l'antisémitisme — la souveraineté du Québec
et les Juifs orthodoxes — Israël — orthodoxe
mais antisioniste — Dieu et l'Holocauste

$N$*ous rencontrons Pierre Troin chez lui, dans le quartier Côte-des-Neiges. Derrière notre hôte, il y a une immense bibliothèque où dominent les livres religieux, mais où l'on trouve également des essais des philosophes Emmanuel Levinas et Alain Finkielkraut, des ouvrages de Spinoza et même des romans de Céline. C'est qu'avant d'adopter une approche orthodoxe du judaïsme, Pierre Troin a vécu plusieurs années de façon laïque. Né en France en 1963, il a grandi à Paris dans une famille juive non religieuse et il a fréquenté l'école publique laïque.*

*Son épouse et lui décident d'effectuer un retour aux sources religieuses alors qu'ils sont jeunes adultes et pensent à avoir des enfants. Puisqu'il ne connaît à peu près rien du judaïsme, Pierre Troin doit apprivoiser le judaïsme et il adopte finalement une pratique s'inscrivant dans la mouvance orthodoxe.*

*Après avoir immigré à Montréal, il consacre la plus grande partie de son temps à l'étude religieuse. Pour gagner sa vie, il enseigne le français dans une yeshiva. En périphérie de sa quête religieuse, Pierre Troin entreprend des études en science politique à l'Université du Québec à Montréal où il obtiendra une charge de cours en administration publique. Dans son mémoire de maîtrise, il analyse les discours justifiant la propriété privée dans les textes sacrés juifs. Par la suite, au doctorat, il tente de démontrer qu'il n'y a aucun fondement religieux dans les textes sacrés permettant de justifier l'occupation par l'armée israélienne des territoires palestiniens. Pour mener à bien cette recherche, Pierre Troin est allé en Israël pour la première fois à la fin de l'hiver 2001 et il s'y est définitivement installé avec sa famille à l'automne 2001. L'entrevue a été réalisée avant ce grand départ.*

*Vous décidez jeune adulte d'adopter une approche orthodoxe du judaïsme après avoir grandi dans un environnement laïque. Pourquoi ?*

Je me souviens d'avoir été frappé à l'époque par la lecture du livre *Le Juif imaginaire* d'Alain Finkielkraut. Dans cet essai, Finkielkraut, lui-même juif, s'avouait incapable de dire en quoi il était différent des non-Juifs. Comme moi, il avait été élevé avec les « autres » : il fréquentait les mêmes lieux et les mêmes personnes, mangeait les mêmes plats, lisait les mêmes livres et les mêmes journaux que n'importe quel Français. Et Finkielkraut de résumer sa situation par cette phrase très significative : « Je me sentais en parfaite similitude. » Or, en quoi un Juif est-il juif s'il est « comme tout le monde » ? Quelle tradition particulière transmettra-t-il à ses enfants ?

C'est d'ailleurs lorsque mon épouse et moi avons décidé d'avoir des enfants que nous avons convenu que la Torah serait notre point de référence. Nous avions tous deux une méconnaissance de ce que signifiait « être juif ». Nous avons commencé à fréquenter des centres culturels juifs et nous nous sommes assez naturellement retrouvés dans la mouvance orthodoxe où nous nous sentions beaucoup plus à l'aise que dans le monde où nous étions auparavant. Nous nous sommes rapprochés petit à petit de la Torah avec l'impression de nous découvrir à travers des textes que nous n'avions jamais étudiés et qui nous étaient jusqu'alors totalement étrangers.

*Quelles sont les distinctions entre Juifs orthodoxes et Juifs non ortho-
doxes ?*

On s'y perd souvent ! Je ne parlerai pas tellement de ce qui
n'est pas orthodoxe, car cela ne m'intéresse pas. Quant aux Juifs
orthodoxes, ils vivent selon une interprétation littérale de la
Torah. Celle-ci est leur raison de vivre et tout le reste est secondaire. Selon les Juifs orthodoxes, les textes sacrés sont de nature
divine et il n'est donc pas question d'en proposer de nouvelles
interprétations pour s'adapter à la vie moderne. Si nous sem-
blons aujourd'hui différents de la majorité qui nous entoure,
c'est parce que le monde a changé et que nous n'avons pas
changé. Un Juif orthodoxe aujourd'hui possède *à peu près* les
mêmes valeurs morales qu'un Juif orthodoxe des siècles précé-
dents. On ne peut en dire autant de la plupart des individus.

*Pouvez-vous nous tracer un portrait de la communauté orthodoxe de
Montréal ?*

L'orthodoxie comprend trois tendances : les orthodoxes
modernes, les orthodoxes et les ultra-orthodoxes comme les hassidim et les Lubavitch. Un orthodoxe moderne est généralement
plus ouvert à ce qui n'est pas juif. Il peut ainsi être professeur
d'université s'il se passionne pour la philosophie, la psychologie
ou toute autre discipline universitaire.

Entre les orthodoxes et les ultra-orthodoxes, il y a des différences de traditions et de pratiques mais pas vraiment de différences fondamentales. Je suis orthodoxe et j'étudie tous les jours
le Talmud dans un collège talmudique où les trois quarts des gens
sont des hassidim. Cela se passe très bien car les écrits étudiés par
les hassidim et les orthodoxes sont les mêmes. Cependant, je ne
pourrais jamais étudier avec un Juif « réformiste » ou un Juif
conservateur, car leur interprétation des textes de la Torah et du
Talmud est fonction de la vie moderne. Selon eux, les textes
sacrés sont soumis aux idées de l'époque à laquelle on les étudie.
Ce faisant, ils trahissent la parole de Dieu.

Il est important de dire que « Torah » est un mot hébreu au singulier qui veut dire « Bible ». La Torah est un texte divin dans lequel il est écrit que le jour où Dieu a donné la Torah à Moïse, Il a donné des Toroth, un mot pluriel. Comment expliquer cette utilisation du pluriel alors que l'on pourrait s'attendre à un singulier ? Le Talmud enseigne que Dieu n'a pas donné une seule Bible, Il a donné la « Bible écrite » ainsi que la « Bible orale ». La Bible orale n'était pas destinée à être écrite. Elle fut retranscrite plus récemment, il y a une quinzaine de siècles, car on craignait que la mémoire ne se perde et que les générations futures ne puissent plus bénéficier de la Bible orale dans sa totalité. Cette Torah orale est devenue le Talmud. La Torah et le Talmud étant d'origine divine, qui suis-je pour en changer même une seule lettre ? Pour moi, être juif, c'est croire en l'origine divine de ces textes, et si vous me dites que vous voulez modifier un de ces textes, vous ne faites pas partie de ma religion.

Tout dépend bien sûr de la définition que l'on donne au mot « religion ». Selon le sociologue Max Weber, les Juifs orthodoxes, les Juifs conservateurs et les Juifs « réformistes » feraient tous partie de la même « religion ». Cependant, les « réformistes » estiment que la Torah n'a pas été écrite par Dieu et qu'il s'agit simplement d'une interprétation humaine de l'idée divine. Et puisque c'est une œuvre humaine qui a été écrite voilà quelques siècles, ils se permettent d'en changer des passages pour l'adapter au goût du jour. On ne peut pas leur reprocher de manquer de cohérence : pourquoi l'interprétation de l'idée divine d'individus ayant vécu il y a des siècles aurait-elle plus de valeur que celle d'individus qui vivent aujourd'hui ? Je n'ai rien contre cette approche, mais elle n'appartient pas à ma religion. J'ai une vision plus stricte de la religion, selon laquelle les membres d'une même religion doivent croire au même Dieu. Or, croire comme les « réformistes » que la Torah n'est pas d'origine divine implique une compréhension différente de Dieu. Bref, ils ne croient pas au Dieu des Juifs orthodoxes.

*Mais ne peut-on adopter une vision sociohistorique du judaïsme qui permettrait de considérer que l'identité juive prend également racine dans l'histoire, la politique, la culture, l'art, etc. ?*

Certainement. D'ailleurs, le judaïsme orthodoxe ne peut se comprendre que si on l'analyse comme phénomène historique. Mais il faut pourtant dire que les Juifs qui ont tout oublié de la Torah ressemblent comme deux gouttes d'eau aux non-Juifs. Je pense à Raymond Aron : celui qui le présenterait comme intellectuel «juif» aurait un problème de crédibilité. C'est jouer le jeu des antisémites de dire qu'être juif vous rend différent. Ce qui rend le Juif différent, c'est qu'il accepte de vivre selon les voies de la Torah.

*L'orthodoxie et l'art ne font pas bon ménage… Il y a ainsi eu des interdits frappant l'art à l'intérieur des communautés orthodoxes. Il y avait une riche tradition d'orfèvrerie dans certaines communautés, mais cette tradition s'est éteinte en raison d'interdits religieux. Aujourd'hui, des gens tentent de redécouvrir cette tradition perdue et ils en viennent même à contester la validité de ces interdits.*

Il est rare, en effet, de voir des sculptures ou des tableaux chez les Juifs orthodoxes. Vous pouvez ainsi constater que mon logis est en ce sens une exception : mon père est dessinateur et architecte, et je lui demande certaines de ses œuvres que je suspends aux murs. Je comprends d'ailleurs qu'il y a des gens qui aiment l'art. Comment ne pas trouver un Renoir fantastique ou un Picasso fabuleux ? Mais j'estime qu'il y a des choses plus importantes à faire que de passer son temps à peindre ou à sculpter. Tout est question de mesure. En tant qu'orthodoxe, je n'ai pas de gêne à dire que j'ai un tableau chez moi ou que j'aime bien l'art. Toutefois, je ne suis pas sûr qu'il me viendrait à l'idée de visiter un musée si je me retrouvais dans une ville étrangère, mais pourquoi pas ? Un problème surgit si toute ma vie tourne autour de l'art, si je dis que ce matin, je préfère peindre que d'aller à la synagogue.

C'est justement parce que les gens accordaient trop d'importance à l'art que des interdits ont été imposés. On ne peut malheureusement pas faire confiance à la nature humaine pour s'autolimiter et l'on a donc besoin d'autorités pour le faire. Notons qu'on est libre de respecter ou non ces limites. Elle est révolue l'époque où les communautés vivaient dans de petits villages isolés contrôlés par un rabbin et où les individus n'avaient presque aucune marge de manœuvre : il est possible aujourd'hui de choisir entre plusieurs synagogues et plusieurs rabbins. Ainsi, l'absence relative d'art dans le monde juif orthodoxe ne s'explique pas par une quelconque interdiction, mais plutôt par l'absence d'intérêt des orthodoxes envers l'art.

*Est-ce qu'il y a des différences de tendances selon les synagogues orthodoxes ?*

Oui, car il y a autant de sensibilités que de synagogues. Chaque congrégation possède des points de vue spécifiques à propos du sionisme, des rapports avec le monde extérieur, certaines congrégations favorisant les contacts, d'autres les évitant, d'autres encore ne s'en souciant pas. Les synagogues sépharades sont différentes des synagogues ashkénazes.

*Votre approche du judaïsme semble passer principalement par l'étude de textes. Elle est donc très intellectualisante. Quelle place y occupe la foi ?*

La quête religieuse passe avant tout par l'usage de la raison. Je consacre plusieurs heures par jour à l'étude du Talmud, cherchant les raisons pour lesquelles tel ou tel passage de la Torah est ainsi formulé. La réflexion se poursuit aussi longtemps qu'un passage paraît illogique. Cela peut prendre une heure, un jour, une semaine, un mois. Mais une fois qu'on a résolu le problème, on a posé une pièce de plus dans ce puzzle qui fait que vous êtes juif parce que vous avez compris encore un peu mieux ce que sont le Talmud et la Torah. Notez que cette recherche n'est pas solitaire : on discute des passages avec ses collègues d'étude et avec des rabbins. Jamais un rabbin ne donnera son enseignement sans que ses élèves puissent poser des questions. C'est sûrement là une différence importante entre le judaïsme et le catholicisme. On ne trouve pas dans le judaïsme l'équivalent de l'infaillibilité du pape. Qui que vous soyez, ce que vous dites a de la valeur aussi longtemps que c'est logique. Il n'y a pas de position d'autorité qui repose sur autre chose que la confiance. Lorsque mon rabbin me dit quelque chose qui me semble curieux, je le questionne. En général, cela ne lui prend pas plus de cinq minutes pour réduire à néant mon argumentation, mais il lui arrive tout de même quelquefois de modifier sa position à la suite de notre discussion. Qu'on ne vienne donc pas me dire qu'être un Juif croyant, c'est faire la preuve que l'on n'utilise pas sa raison !

*Quelle proportion de temps occupe l'étude des textes sacrés dans une journée type ?*

Je n'ai jamais fait le compte. Disons que je me lève environ à quatre heures et demie du matin et que je commence à étudier le Talmud vers cinq heures. J'étudie en général jusque vers dix ou onze heures le soir. Je m'arrête bien sûr pour manger. J'enseigne également le français dans une école juive, ce qui m'enlève en moyenne trois heures d'étude par jour. Je passe aussi une heure ou deux le soir avec mes enfants et ma femme. Ma philosophie de vie est simple : je m'efforce de minimiser le nombre de minutes que je passe à ne pas étudier la Torah.

*Est-ce que vos rapports ont changé avec vos proches à partir du moment où vous avez décidé d'adopter une pratique orthodoxe du judaïsme ?*

Il y a eu des conflits et il y en a encore avec des personnes qui estiment que je me suis coupé de la société, que je suis intolérant et intransigeant et que je porte un jugement de valeur sur les gens qui ne vivent pas comme moi. Paradoxalement, c'est toujours moi qui passe pour l'intolérant même si ce sont souvent les autres qui ne veulent plus me parler. Les rapports personnels sont d'autant plus complexes que nous vivons à une époque où la religion est discréditée. L'individu religieux est généralement considéré par les autres comme un simple d'esprit, comme un naïf qui croit que la Terre a cinq mille ans alors qu'il existe des preuves de la présence des dinosaures sur terre voilà des centaines de milliers d'années. Le fait que l'on trouve des Juifs religieux parmi les archéologues et les scientifiques de haut niveau n'éveille pas chez ces personnes l'idée que leur raisonnement est simpliste. Libre à vous de voir en moi un déficient mental, mais dans ce cas, ma porte ne vous est pas grande ouverte. Cependant, je n'aurai pas de difficulté à établir des liens avec vous si vous me respectez. On pourra discuter pendant des heures si vous ne jugez pas ma manière de vivre comme je ne juge pas la vôtre et si vous êtes curieux et voulez comprendre ce qui est au cœur de ma vie.

Cela dit, il est vrai que les Juifs orthodoxes veulent se couper du monde moderne et que cette attitude est mal perçue par la majorité. Cependant, je ne suis pas certain qu'il soit par essence négatif de se couper de la société moderne. L'esprit grégaire n'est pas nécessairement bon en soi. Je n'ai pas à organiser ma vie en fonction de ce qu'en pensera la société. Je fais ce que je crois être bon pour moi tant que ce n'est pas nuisible aux autres. Au-delà de cela, ce que l'on pense de moi m'importe peu.

*Comment quelqu'un comme vous qui habitait à Montmartre, qui chaque matin lisait le journal* Le Monde *en prenant un croissant et un café, est-il parvenu à changer complètement de mode de vie et à s'adapter aux multiples règles et interdits qui encadrent la vie des Juifs orthodoxes ?*

Ne le dites pas à mon rabbin, mais il m'arrive encore parfois de lire *Le Monde* ! Plus sérieusement, le Code civil français compte beaucoup plus de lois et de règlements que la Torah et le Talmud. Lorsque l'on grandit dans tel ou tel pays, on en intègre les lois, et les respecter devient une habitude, voire un automatisme. Un jeune enfant à Paris ou à Montréal apprendra à ne pas traverser la rue au feu rouge avant de pouvoir expliquer rationnellement son comportement. De la même façon, un enfant juif élevé dans une famille pratiquante intériorisera les lois juives bien avant d'en comprendre le sens. C'est donc de l'extérieur que le mode de vie juif semble extrêmement compliqué...

*Mais vous êtes né et vous avez grandi à l'extérieur du monde juif...*

Et ce n'est pas du jour au lendemain que j'ai pu me définir comme juif orthodoxe ! Mais la vie n'est pas une course contre la montre. Comme un nouveau-né ne choisit pas ses parents, il faut tenir compte de l'être que vous êtes, du lieu d'où vous venez et de l'éducation que vous avez reçue. Si vous naissez dans une famille hassidique, votre niveau de religiosité sera plus élevé dès l'enfance que celui d'un enfant né dans un milieu moins religieux. C'est le chemin parcouru qui a de la valeur. Pour ma part, mon cheminement continue encore. Ce qui me déprimerait, ce serait de me dire qu'à partir de maintenant je ne changerais plus, je n'évoluerais plus. Passer une journée sans apprendre quelque chose, c'est rater sa journée. Lorsqu'on n'apprend pas, on recule.

*Revenons à ce parallèle que vous établissiez entre les lois d'un pays et les lois juives. En ce qui concerne les premières, nombreux sont ceux qui n'hésitent pas à les transgresser s'ils savent qu'on ne les y prendra pas.*

Une loi, qu'elle soit civile ou religieuse, est faite pour être respectée. À partir du moment où vous adhérez à l'idée d'un Dieu créateur du monde qui attend certaines choses de vous, ce n'est pas à vous de faire le choix de ce que vous voulez faire ou non. Soit vous vous mettez en dehors du jeu : « Dieu, je n'y crois pas et ce n'est pas pour moi », soit vous reconnaissez l'existence de Dieu et vous savez alors que vous serez redevable à Lui de tout ce que vous aurez fait et dit en ce monde. Comme je crois en Dieu, je n'ai pas envie de ruiner mes chances dans le monde à venir pour des futilités. C'est ainsi que les Juifs religieux accordent beaucoup d'importance à de toutes petites choses qui passent souvent inaperçues pour la plupart des gens.

*Voilà pour la responsabilité individuelle, mais il existe également l'idée que le peuple juif, dans son ensemble, a une responsabilité quant au salut du monde.*

Le philosophe Emmanuel Levinas disait que le peuple juif avait l'ambition d'être le meilleur, mais qu'il n'était pas parvenu à réaliser son ambition, surtout depuis la fondation d'Israël. Or, il semble souvent que les non-Juifs eux aussi exigent des Juifs qu'ils soient les meilleurs. Il est d'ailleurs significatif qu'Israël soit le pays où, proportionnellement, il y a le plus de journalistes étrangers. Être juif, cela veut dire que les gens vous observent. Et l'on ne pardonne pas aux Juifs des fautes que l'on pardonne aux autres.

Pour bien vivre cette situation particulière, il faut tenter de se rapprocher d'un état où l'on n'a pas honte de sa personne. Il s'agit, par exemple, de ne pas mentir et de ne pas voler. Mais aujourd'hui, qu'est-ce qu'un mensonge, qu'est-ce qu'un vol ? Les définitions évoluent. Je pense à ces gens qui reviennent de voyage avec des serviettes ou des ustensiles qu'ils ont pris dans leurs chambres d'hôtels. « Ce n'est pas du vol, disent-ils, c'est compris dans le prix de la chambre. » J'ai une conception beaucoup moins souple du vol. Récemment, un de mes fils a mis le feu dans ma chambre par accident. J'ai fait venir quelqu'un de la compagnie d'assurances. Comment aurais-je pu dire à cette personne que tel objet détruit valait cent dollars si je sais qu'il n'en valait que quatre-vingts ? Pour vingt dollars, j'aurais menti ? Quelle bêtise !

Un rabbin disait : « Ne pas remettre un livre à sa place dans une bibliothèque, c'est du vol. Vous me volez mon temps car je dois chercher le livre. » On doit donc faire attention dans la vie de tous les jours si l'on veut être honnête et juste. On doit être constamment attentif. C'est d'ailleurs pour cela qu'il est extrêmement difficile d'être en affaires en étant juif religieux, parce que la conduite d'un commerce relève de la gageure lorsqu'on ne veut pas mentir ni voler. Dans les journaux communautaires juifs orthodoxes, on peut ainsi lire des annonces telles que : « Je me suis trompé tel jour en rendant la monnaie à une cliente qui portait un chapeau rouge. Passez récupérer le montant de l'erreur s'il vous plaît. » Et chaque année, lorsqu'il faut remplir sa déclaration d'impôts, les journaux de la communauté précisent de ne rien omettre, de ne pas mentir. C'est pour cela que je ne peux pas me sentir en symbiose avec la société en général, car ces valeurs y sont étrangères. Prenons la classe politique. Ce qui compte vraiment pour un politicien aujourd'hui, ce n'est pas d'être honnête mais plutôt de ne pas se faire prendre à mentir. Et tout le monde accepte cet état de fait. Cela ne veut pas dire que vous êtes nécessairement quelqu'un d'irréprochable parce que vous avez l'apparence d'un Juif religieux. Ce serait trop facile.

*Que faire si l'on juge qu'il faut être honnête envers le gouvernement, mais que l'on constate que ce gouvernement est lui-même injuste ?*

Il n'existe pas de gouvernement injuste mais des lois que l'on apprécie plus ou moins. Cependant, je considère qu'une loi qui a été adoptée de façon démocratique doit être respectée. L'autre possibilité ouvre la porte à des comportements trop dangereux.

*Mais faut-il vraiment croire en Dieu pour respecter les lois ou mépriser le mensonge et le vol ?*

Non, mais il est certainement plus facile de faire un écart si vous pensez que vous n'avez de comptes à rendre qu'à vous-même.

*Vous croyez que la société québécoise y a perdu en s'éloignant de la
religion ?*

Oui. Ce qui me fait peur, c'est qu'on laisse aujourd'hui le
choix à chaque individu de définir ce que sont le bien et le mal.
Or, l'homme et la femme ont tendance à donner au bien un sens
qui sert leurs intérêts personnels plutôt que les intérêts de l'humanité. Plus problématique encore, il y a une tendance totalitaire
à vouloir que chacun définisse le bien et le mal, car au bout du
compte, c'est la définition de la majorité qui prime et si vous
vous en écartez, vous serez perçu comme étant un original, un
extrémiste, voire un criminel.

Un autre problème touche plus particulièrement aux Juifs
orthodoxes : il est quelquefois difficile de faire la distinction
entre un comportement antireligieux et un comportement antisémite. Je peux aisément devenir paranoïaque si je crois déceler
de l'antisémitisme chaque fois que quelqu'un ne m'aime pas. Il
peut simplement me trouver antipathique, ou encore être antireligieux et n'aimer aucun religieux, qu'il soit musulman, catholique ou hindou.

Prenons un exemple. L'UQAM a été secouée en l'an 2000
par l'« affaire TAV », du nom d'un établissement d'enseignement
créé principalement par la communauté hassidique afin d'offrir
un enseignement tenant compte de la manière de vivre des hassidim. En raison de leur mode de vie, il leur est impensable
d'avoir des classes mixtes ou de voir une femme enseigner à une
classe d'hommes ou un homme enseigner à une classe de
femmes. Cependant, la communauté hassidique désire de plus en
plus que certains de ses membres reçoivent une formation plus
pointue de type universitaire. TAV avait donc conclu une
entente avec l'UQAM, mais l'université a résilié cette entente en
invoquant deux motifs principaux : l'enseignement au TAV était
en anglais, alors que l'UQAM est une institution francophone ;
et le TAV refusait la mixité, ce qui allait à l'encontre des principes
de non-discrimination de l'UQAM. Un jour, une enseignante

de l'UQAM m'a dit : « Ce n'est pas après avoir mené toutes les luttes féministes pendant les années 1970 et 1980 que je vais accepter facilement qu'on me refuse un emploi parce que je suis une femme. » Je comprends parfaitement que cela puisse heurter sa sensibilité. Sa réaction n'était donc sans doute pas motivée par un sentiment antisémite et elle a pleinement le droit de porter plainte à son syndicat qui pourra dénoncer l'entente. C'est la démocratie et cela ne me cause aucun problème. Mais des lettres d'opinions sont également parues au sujet du TAV dans la revue du syndicat et dans des quotidiens. On y accusait les Juifs de vivre de manière rétrograde, de ne rien comprendre à la modernité, d'être de « malicieux petits intégristes ». Puis vinrent les commentaires sur les femmes juives qui « passent leurs journées dans la cuisine à faire la vaisselle ». Comme je l'ai précisé, on peut tout à fait dénoncer cette entente en raison de principes tels que le refus de la discrimination basée sur le sexe, mais pourquoi fustiger une religion et une façon de vivre ? Être laïque ne veut donc pas toujours dire être tolérant envers l'autre, être ouvert à lui.

*Comment, dans ce cas, savoir qu'il s'agit d'une attitude antisémite et non d'une attitude antireligieuse ?*

Cela n'est pas toujours facile, mais si l'on remarque chez un individu une tendance à accuser les Juifs de tous les maux du monde et l'absence d'accusation envers les autres religions, on peut sans doute penser que l'on a affaire à un antisémite.

*Pourquoi avez-vous quitté la France pour venir vous établir au Québec ?*

J'ai choisi le Québec car je pense que c'est une terre beaucoup plus favorable à la communauté juive, surtout religieuse, que les pays d'Europe et plus particulièrement la France. Je suis très bien au Québec car c'est un des pays qui m'acceptent comme je suis, ainsi que mes enfants. C'est pour cela que j'y vis. Le Québec est sans doute la province canadienne où l'on peut le mieux vivre en tant que juif orthodoxe. Il me plaît, par exemple, de vous rappeler que le Québec est la seule province canadienne qui finance les écoles juives.

Pour autant, est-ce que je me sens québécois ? Non. Je ne considère pas que je participe à la culture québécoise, à moins de dire que le Talmud fait partie de la culture québécoise, ce qui serait tiré par les cheveux. Je n'ai pas de liens particuliers avec le monde québécois et je ne les cherche pas. Je n'ai pas de télévision, je n'écoute pas la radio, je ne lis ni *La Presse* ni *Le Devoir* et je ne lis pas la littérature québécoise. Le Québec est une société faussement laïque, encore fortement imprégnée de la symbolique catholique, et je ne désire certainement pas m'assimiler à une société qui possède des valeurs qui ne sont pas les miennes. Une phrase d'Emmanuel Levinas me revient à l'esprit : « L'assimilation semble devoir s'achever en dissolution. » Vous comprenez sans doute que ce n'est pas le destin que j'envisage pour mes enfants. Ainsi, malgré la définition englobante qu'en donne le Bloc québécois, je ne peux donc pas me définir comme québécois.

*Est-ce que vous vous sentez canadien ?*

Non.

*Français ?*

Non. Je me sens juif.

*Vous avez pourtant eu un contact avec la culture française, vous avez lu de la littérature française, etc.*

J'ai eu ce contact, c'est vrai, mais cela a laissé peu de traces. Je tiens à dire que cela ne représente pas de ma part un dédain pour la valeur intrinsèque de la culture française en particulier et de toutes les autres cultures en général. Plus simplement, j'essaie de connaître la culture qui me semble être la plus proche de ma manière de voir la vie.

*Que pensez-vous du projet souverainiste au Québec ?*

Nombreux sont ceux qui affirment que les Juifs orthodoxes ne comprennent rien au projet souverainiste et que c'est pour cela qu'ils ne votent pas pour le camp du Oui. Comme l'a dit un homme politique québécois, si les Juifs rejettent en bloc le projet souverainiste, c'est bien qu'il y a un problème avec… les Juifs ! Mais on peut également dire que ce projet ne correspond pas aux valeurs des Juifs orthodoxes. Et si ce projet ne correspond pas à mes valeurs, pourquoi devrais-je y adhérer ? Peut-on s'attendre raisonnablement à ce qu'un citoyen, de n'importe quelle démocratie dans le monde, puisse voter pour un projet qui lui semble ne pas le favoriser ?

Si l'on parle plus spécifiquement du référendum de 1995, j'ai pu constater que la bêtise est quelque chose de bien partagée, y compris dans la communauté juive. Dans un camp comme dans l'autre, des choses absurdes ont été dites. J'ai été effaré par le discours de Jacques Parizeau le soir du référendum. J'ai encore de la difficulté à comprendre comment un premier ministre peut dire ce qu'il a dit et, surtout, ne pas s'excuser par la suite. Reconnaître ses torts est un signe d'intelligence et, à cet égard, M. Parizeau en a manqué. Il y a par ailleurs un faible pourcentage des membres de la communauté juive qui croit que si le Québec devient indépendant, on est reparti pour la Seconde Guerre mondiale. C'est absurde ! Ironiquement, c'est chez les survivants de l'Holocauste que j'ai senti le plus de chaleur envers le projet indépendantiste : leur expérience les aide à comprendre qu'un peuple veuille son pays. En effet, beaucoup d'entre eux pensent que si Israël avait existé avant la Seconde Guerre mondiale, l'Holocauste n'aurait peut-être pas eu lieu. Notez que cela ne signifie pas qu'ils votent pour l'indépendance, car il n'y a pas une seule raison pour eux de penser qu'un Québec indépendant représenterait une amélioration de leur qualité de vie de Juifs.

*Est-ce que vous vous tenez informé des débats politiques d'ici et est-ce que les élections fédérales ou provinciales et les référendums sont sujets à débat au sein de la communauté orthodoxe ?*

Je dirais que je me tiens moyennement informé. Cela n'a pas empêché que l'on me propose d'être candidat à une élection et qu'à un moment ou à un autre j'ai été en contact avec la plupart des partis politiques municipaux, provinciaux ou fédéraux. Cependant, par principe, je ne vote pas car je ne vois pas de réelles différences entre les politiques des divers gouvernements, qu'ils soient libéral ou péquiste à Québec, ou conservateur ou libéral à Ottawa. Finalement, mes intérêts sont ailleurs, et plus j'étudie et plus j'enseigne la science politique, moins je m'intéresse à la politique, car son étude permet de bien comprendre la nature humaine, et le constat est plutôt décourageant.

*Vous sentez-vous un attachement particulier à l'égard d'Israël ?*

Oui, parce que c'est une terre qui a été donnée aux Juifs par Dieu et que c'est la place de tout Juif. Mais l'État d'Israël est pour moi un État comme un autre, si ce n'est qu'il m'est encore plus difficile d'accepter un comportement antireligieux des autorités israéliennes que d'autres autorités quelles qu'elles soient, car un Juif qui m'empêche de pratiquer ma religion me fait encore plus mal que s'il s'agit d'un non-Juif. Est-ce que je suis sioniste ? Bien sûr que non. Je ne vois pas comment on peut être sioniste en étant religieux. C'est le dernier de mes soucis de savoir si l'État qui gouverne la terre d'Israël est constitué de Juifs, de Palestiniens ou d'Ottomans. Cependant, je me préoccupe de la qualité de vie des Juifs en Israël. Je m'inquiète, par exemple, du sentiment antireligieux que l'on trouve dans la société israélienne en général et dans l'administration publique israélienne en particulier. Je m'inquiète également de l'attitude des sionistes qui veulent garder un État d'Israël « fort » au péril de leur vie et de celle de leurs enfants. Il y a un verset dans la Torah qui dit : « Par mes commandements vous vivrez. » Que faut-il en déduire ? Que le Juif doit vivre pour mettre en pratique l'enseignement de la Torah. Or, vivre en Israël n'est pas un commandement biblique. Ainsi, celui qui met sa vie en danger pour l'État d'Israël commet une infraction biblique grave.

*Vous nous parliez tout à l'heure de gens qui estiment que si l'État d'Israël avait existé avant la Seconde Guerre mondiale, des millions de Juifs auraient été sauvés de la mort car ils auraient pu fuir les nazis et trouver refuge dans l'État juif. Vous êtes donc en désaccord avec eux.*

Je considère que cette idée relève de l'hérésie. Penser ainsi qu'on aurait pu éviter l'Holocauste grâce à une action politique telle que la fondation de l'État d'Israël, c'est croire que les événements du monde sont dictés par la volonté humaine ; c'est croire que parce que les Allemands ont voulu l'Holocauste, il y a eu l'Holocauste. Être croyant, c'est avoir une vision du monde selon laquelle les événements sont dictés par la volonté de Dieu, quelle que soit la nature de ces événements. Le problème du sioniste, c'est qu'il n'hésite pas à se croire l'égal de Dieu.

*Mais n'y a-t-il pas quelque chose de terrible dans le fait de laisser entendre que Dieu aurait voulu l'Holocauste ?*

De terrible et d'atroce. Mais que puis-je dire d'autre ?

*La Terre sainte aurait été promise aux Juifs par Dieu, mais cette terre est également considérée comme sacrée par les Chrétiens et les Musulmans. Quelle est la perception des Juifs orthodoxes à propos des deux*

*autres religions dites du Livre ? Traite-t-on de Jésus, par exemple,*
*dans le Talmud ? Les Juifs orthodoxes parlent-ils parfois entre eux de*
*Jésus et de Mahomet et du Christianisme et de l'Islam ?*

Je ne connais pas la perception des Juifs orthodoxes. Je peux
simplement vous dire la mienne et elle risque de vous décevoir.
Le conflit israélo-palestinien me paraît être celui de l'homme-
dieu dont je vous parlais à l'instant contre l'antisémite. N'ayant
un attrait ni pour l'un ni pour l'autre, je laisse généralement le
soin aux experts d'exposer leurs points de vue sur ce sujet.

# Sonia Zylberberg

Femmes et traditions liturgiques —
le concept d'autorité-spiritualité ou religion
— le mouvement Judaïsme du renouveau —
l'identité juive laïque — le sionisme

$S$onia Zylberberg est née en Angleterre où ses parents se sont installés après la Seconde Guerre mondiale. Parce qu'il était très difficile de gagner sa vie en Angleterre à l'époque, et pour que leurs enfants puissent fréquenter une école juive laïque et non sioniste, le couple s'est installé au Canada. Son père, qui était un bundiste — du parti Bund, un mouvement politique de la première moitié du XX$^e$ siècle qui se consacrait à la défense et à la promotion de la culture yiddish en Europe de l'Est et qui participa à la Révolution soviétique aux côtés des bolcheviks mais qui fut écrasé par la suite par ces derniers — convaincu, tenait à offrir à ses enfants une éducation conforme à ses valeurs. Finalement, déçus de la qualité de l'enseignement, ses parents ont retiré Sonia de cette école à la fin de sa quatrième année et elle n'a plus reçu d'éducation juive jusqu'au moment où elle est retournée à l'université, à l'âge de trente-sept ans, faire une maîtrise en études juives après une première formation en botanique, et plusieurs années passées à travailler et à voyager. Intéressée par l'étude de ses origines, elle a alors rédigé un mémoire sur les représentations des relations entre femmes dans la Bible.

Aujourd'hui candidate au doctorat en sciences religieuses, elle rédige une thèse portant sur les rituels contemporains des femmes juives. Elle est également directrice pédagogique du Centre commémoratif de l'Holocauste à Montréal.

Se pencher sur l'histoire des femmes oblige à se questionner sur les mécanismes qui déterminent les positions sociales des collectivités et des individus. C'est ce questionnement qui est au cœur de cette entrevue avec Sonia Zylberberg.

*Qu'elle parle des femmes, des pratiques religieuses ou de l'identification culturelle, le souci d'interpeller l'esprit critique et la liberté de pensée traverse chacun de ses propos.*

*Pourquoi adoptez-vous une approche féministe du judaïsme ?*

Je me suis identifiée comme féministe bien avant de m'identifier comme juive. Alors, quand j'ai commencé à m'intéresser au judaïsme, il allait de soi que j'allais l'étudier d'un point de vue féministe. Une telle démarche s'inscrit d'ailleurs tout à fait dans la tradition juive au sein de laquelle il n'existe pas d'autorité centrale. En contrepartie, la discussion et l'interprétation des textes y occupent une place majeure, et la compréhension des textes est considérée comme étant l'affaire de tous. Les rabbins constituent une figure d'autorité, certes, mais ils sont d'abord et avant tout des enseignants, des guides. Ils peuvent être reconnus comme une figure d'autorité par qui décide de les suivre, mais en aucune façon il n'est légitime qu'ils imposent aux gens leurs conceptions et leurs interprétations : personnellement, je ne l'accepte pas. Les rabbins n'ont pas de lien plus direct que d'autres avec Dieu/e[1]. Aujourd'hui, la pratique est fortement encadrée par des lois, et l'on reconnaît au rabbin le statut d'autorité judiciaire. Cette façon très juridique de concevoir le judaïsme s'est imposée au fil de l'histoire, si bien qu'on ne peut plus, maintenant, s'en dissocier sans être accusé de se situer en rupture avec la

---

1. Mme Zylberberg a souligné qu'elle souhaitait cette graphie.

tradition. Suis-je donc contrainte de reconnaître une interprétation qui ne me convainc pas plus qu'elle ne me convient ? Je ne
suis pas d'accord avec cette façon de vivre le judaïsme. Je n'ai
besoin ni de tribunal ni de juge. D'ailleurs, il faut bien reconnaître qu'il y a quelque chose de contradictoire dans le discours
de certaines autorités religieuses qui, d'une part, consacrent leur
vie à l'interprétation des textes et qui, d'autre part, prétendent
que leurs préceptes sont immuables. Puisque l'interprétation est
toujours contextuelle, elle varie selon les conditions de vie de la
personne faisant l'interprétation.

*Quelle est donc votre démarche ?*

J'estime d'abord que les interprétations des traditions juives
qui sont dominantes aujourd'hui reflètent, entre autres, le fait
que les hommes ont plus de pouvoir que les femmes depuis plus
de deux mille ans. Je tente donc de comprendre le contexte dans
lequel ont été érigées différentes conceptions de la tradition
pour pouvoir les réinterpréter ensuite à la lumière de notre
contexte de vie réel. Je considère que le fait de travailler à l'amélioration de la condition des femmes n'implique pas le rejet des
textes sacrés. Il faut cependant les relire et porter sur eux un
regard critique.

Des changements s'imposent, d'un côté, dans l'interprétation que l'on fait des textes et, de l'autre, dans les pratiques
rituelles qu'on en extrait. Il ne faut pas confondre textes sacrés et
liturgie. On peut modifier la liturgie et on a même le devoir de
le faire. Elle s'est construite avec le temps et elle doit continuer
d'évoluer avec le temps... Il est faux de croire que le judaïsme
est figé. Il a connu beaucoup de changements au cours de son
histoire. Par exemple, la liturgie s'est énormément transformée
durant le Moyen Âge avec notamment l'ajout de nombreux
poèmes. C'est seulement à l'époque moderne que certains ont
commencé à envisager le changement comme un problème.
Plus tard, on s'est accroché à des façons de faire. Cette attitude se

retrouve d'ailleurs surtout chez les hommes qui n'ont pas trop de difficulté à accepter les liturgies telles qu'elles se sont cristallisées et pour qui le changement menace leurs privilèges.

*Sur quoi ont porté jusqu'ici vos travaux en études juives ?*

Dès mon mémoire de maîtrise, j'ai voulu vérifier dans les textes bibliques si l'on trouve réellement les prescriptions que certaines autorités prétendent y trouver en ce qui concerne les femmes. Je découvre et redécouvre depuis lors que la Bible ne permet pas de dégager des modèles de femmes ou d'en déduire une nature de femmes immuable. Plus précisément, j'ai consacré mon mémoire de maîtrise à l'étude des relations entre femmes que l'on trouve dans la Bible. Il n'y a que trois cas où l'on peut voir quelques détails sur les relations : Sarah-Hagar, Léa-Rachel et Ruth-Naomie. Dans les deux premiers cas, l'interprétation la plus répandue consiste à dire que les rapports entre femmes sont exclusivement compétitifs et conflictuels. Cette compétition serait principalement stimulée par le désir de séduire les hommes et de porter leur progéniture... En étudiant le texte avec soin, on découvre pourtant que leurs rapports n'étaient pas uniquement compétitifs. Il est vrai que l'auteur — il y a fort à parier qu'il s'agit d'un homme — a choisi d'accorder une grande importance à cette compétition... Mais suis-je obligée, en tant que lectrice, d'accepter son point de vue ? Ces duos révèlent également une capacité de cohabitation.

Ruth et Naomie, quant à elles, sont belle-fille et belle-mère. Ruth a épousé le fils de Naomie en Mohabie. Ruth est d'ailleurs mohabite, pas israélite. Leurs deux maris sont morts et Ruth a décidé d'accompagner Naomie lors de son retour en Israël. Voilà l'histoire de la survie de deux femmes dans un monde hostile. Leur relation est complètement différente de celle des deux autres duos. Naomie était amère et déprimée, et sa relation avec Ruth lui fait reprendre goût à la vie. Il y a dans le récit de leur histoire un discours que Ruth adresse à Naomie dans lequel elle lui dit qu'elle la suivra où qu'elle aille et qu'elle dormira là où elle dormira. Ce texte est très beau et très puissant, et il n'est pas surprenant que les féministes y retournent beaucoup.

Si je me suis intéressée presque exclusivement aux textes lors de mes études de maîtrise, j'ai choisi pour mes recherches de doctorat de me pencher sur les rituels. J'examine les rituels contemporains des femmes juives pour déterminer quels effets ils ont sur les traditions établies. J'étudie plus particulièrement les seders★ féministes. Le seder est le rituel qui a lieu à la Pâque. Il se pratique traditionnellement à la maison le premier soir de la fête et comprend une liturgie ainsi qu'un festin. Comme la célébration se déroule au foyer, les femmes y ont toujours été plus engagées que dans le cas des autres fêtes. Les hommes sont, comme toujours, les plus visibles publiquement. Mais si l'on prend le temps d'observer la pratique des femmes, on découvre qu'elles ont un rôle central et essentiel, même dans les seders traditionnels. Toutefois, ce rôle est souvent dévalorisé et invisible.

Les femmes qui mettent sur pied des seders de femmes entreprennent de se réapproprier leurs traditions. Elles ne veulent pas tout rejeter, elles cherchent ce qui les valorise dans une tradition qui, au fil du temps, a fait l'objet d'une interprétation étroite excluant ou dévalorisant les femmes. La symbolique de la Pâque m'intéresse tout particulièrement parce que ses thèmes centraux sont la libération et la transformation. On peut facilement y voir le cheminement des femmes, celui de la libération d'un esclavage, comme le fut la libération du peuple juif.

La fête de la Pâque a souvent donné lieu à des mouvements de renouvellement de pratiques. Selon l'époque, on a périodiquement réinterprété ses thèmes et ses symboles. Par exemple, il y eut des seders et des hagadas★ dans les années 1960 qui réinterprétaient les symboles en faveur de luttes pour les droits civiques. On trouve un autre exemple dans la mobilisation des Juifs russes. La fête de Pesah, la Pâque, donne le contexte dans lequel on peut réfléchir sur les notions d'esclavage, d'aliénation et de libération, et qui, conséquemment, peut entraîner des mouvements de transformation. Les femmes font exactement cette démarche de réflexion en la dirigeant sur leur propre expérience.

*Avez-vous découvert d'autres luttes féministes ciblant des pratiques traditionnelles ?*

La première femme rabbin a été diplômée en 1972. Cela représente une avancée importante. Cependant, les femmes ne veulent pas seulement obtenir un plus grand accès aux structures existantes : elles ne veulent pas nécessairement acquérir le droit de répéter des prières misogynes ! Les féministes s'appliquent aussi à restaurer des pratiques oubliées et à en créer de nouvelles qui s'adressent à elles spécifiquement. Prenons l'exemple du Rosh Hodesh. Il existe dans le Talmud une célébration de femmes qui a lieu lors de la nouvelle lune. Les féministes ont ranimé cette tradition et formé des groupes qui célèbrent chaque mois le Rosh Hodesh. Fait intéressant, les premiers groupes sont apparus dans les cercles orthodoxes. Au début, cela soulevait la controverse, et aujourd'hui encore, des groupes d'hommes orthodoxes s'opposent au Rosh Hodesh. À certains moments, ils ont surveillé ces célébrations ; ils cherchaient à savoir si les femmes enfreignaient la tradition de quelque façon que ce soit pour ainsi pouvoir les prendre en défaut. Aujourd'hui, on trouve des célébrations du Rosh Hodesh dans toutes les branches du judaïsme et des études leur ont été consacrées.

Les femmes se sont aussi réapproprié la lecture du kaddish, la prière prononcée chaque jour lors d'un deuil. Traditionnellement, la lecture du kaddish est réservée aux hommes. Cette réappropriation du rituel est d'autant plus importante qu'elle a un impact non seulement sur les pratiques individuelles, mais aussi sur la communauté puisque le kaddish doit être récité à l'intérieur d'un minyan★. Les communautés n'ont pas toujours été très accueillantes envers les femmes qui exprimaient la volonté de participer à ce rituel. Mais la transformation a lieu petit à petit, dans toutes les communautés, sans qu'on en parle nécessairement, sans faire trop de vagues.

*Plusieurs rituels de femmes se transmettaient verbalement de mère en fille, sans qu'il en existe de description écrite. Selon certaines auteures, on aurait perdu la connaissance de beaucoup de ces rituels lors de l'Holocauste.*

Les sépharades ont été moins affectés que les ashkénazes par la Seconde Guerre mondiale et le fil n'a donc pas été complètement rompu. Cependant, il est vrai que ces rituels de femmes risquent d'être oubliés si on ne leur porte pas une attention particulière. Pendant très longtemps, les femmes ne lisaient pas l'hébreu et ne connaissaient pas les prières et les liturgies traditionnelles. On en concluait qu'elles ne faisaient rien, qu'elles n'avaient aucune vie religieuse. Mais en étudiant un peu, on se rend compte que cela est faux, qu'il existe par exemple quantité de prières en yiddish qui étaient récitées, et même parfois écrites, par des femmes. La recherche est difficile car il y a très peu de documents. Les femmes n'écrivaient pas beaucoup. Les textes étaient rédigés par des hommes qui jugeaient les pratiques de femmes sans importance ou simplement ne les connaissaient pas.

Aujourd'hui, les femmes sont passées à l'action et veillent sur la conservation de leur patrimoine. Ainsi, Norma Joseph, ma directrice de thèse, fait actuellement une recherche sur les femmes juives d'origine irakienne pour assurer la mémoire de leurs traditions rituelles. Une anthropologue en Israël, Susan Sered, a pour sa part interviewé plusieurs vieilles femmes originaires du Moyen-Orient au sujet de leurs rituels. Elle constate que, malgré leur ferveur et leur assiduité, leurs rituels ne sont guère reconnus par les autorités religieuses. Ces femmes pratiquent chez elles, en privé. Pourtant, elles ne doutent nullement que ce qu'elles font soit essentiel au fonctionnement du judaïsme. Ce sont elles, par exemple, qui préparent les repas traditionnels pour la Pâque. Elles savent bien que la fête n'existerait pas sans elles. On ne doit pas manger de levure lors de la Pâque. Les sépharades mangent du riz, mais le riz doit être absolument pur. Ces femmes trient donc le riz grain par grain sept fois. Encore une fois, ce rituel n'est pas reconnu par l'institution et il n'est pas valorisé, mais ces femmes sont convaincues que leurs gestes sont spirituellement indispensables. Il faut reconnaître à ces gestes leur valeur et leur importance.

*Et à propos de la transmission matrilinéaire de l'identité juive...*

Cela n'empêche pas la société d'être très patriarcale ! Et cela ne donne pas de pouvoir réel aux femmes. D'autant plus que le fait d'avoir des enfants est tellement souligné que le rôle des femmes peut être réduit à la seule maternité. Je n'accepte pas que l'identité des femmes soit définie par la procréation. Je n'ai pas d'enfants et je n'en veux pas non plus. Cela ne me rend pas moins importante.

*Quels sont les modèles féminins juifs importants ?*

Je m'identifie surtout aux revendications féministes qui encouragent la diversité. Toutes les femmes qui me servent de modèles ont refusé de se fragmenter et ont tenté d'intégrer toutes les composantes de leur identité. Je pense entre autres à Rose Schneiderman, à qui l'on doit l'expression « du pain et des roses ». C'était une grande syndicaliste qui disait que son engagement pour la justice sociale prenait clairement racine dans le judaïsme. Je pense à Lea Roback, organisatrice syndicale et militante ici au Québec. Je pense aussi à Hannah Senesh, poète hongroise qui a risqué sa vie pour lutter contre les forces nazies ; elle fut parachutée en Yougoslavie et malheureusement capturée et tuée. Gluckel de Hameln, une veuve juive du XVIIe siècle, a écrit ses mémoires en même temps qu'elle élevait ses douze enfants et dirigeait son entreprise. Sarah, la matriarche biblique, a ri quand elle a entendu qu'elle allait avoir un enfant à l'âge de quatre-vingt-dix ans ; pour elle, la blague était que son mari — Abraham, qui avait quatre-vingt-dix-neuf ans à l'époque — était trop vieux. Sarah n'a jamais perdu son sens de l'humour ni sa joie de vivre. Judith Plaskow, théologienne juive et féministe, a beaucoup contribué à découvrir les problèmes particuliers des femmes dans les institutions juives. Norma Joseph est également un modèle pour moi. Elle cherche à intégrer les différentes composantes de son identité : elle insiste sur le fait qu'elle peut être tout à la fois juive, pratiquante orthodoxe et féministe. Les femmes juives ont été très engagées dans des luttes sociales. Il est évident que les modèles ne manquent pas et qu'ils sont d'une grande et riche diversité.

*Vous avez une première formation en botanique… Qu'est-ce qui vous a amenée à entreprendre des études sur le judaïsme ?*

Avant de retourner aux études, je ne me sentais pas particulièrement juive et je n'avais aucune envie ni de me joindre à une synagogue ni de participer aux groupes et aux activités de la communauté juive. Je me voulais humaniste-universaliste car je considérais que les particularités provoquaient beaucoup de mal. En vieillissant, j'ai senti un manque sur le plan spirituel et j'ai cherché à le combler. Ma quête était davantage spirituelle que religieuse, si l'on entend par « religieux » ce qui se rapporte aux institutions et par « spirituel » ce qui a trait aux sentiments. C'est le sentiment spirituel plutôt que les institutions religieuses qui m'attirait. Je n'étais pas spécialement intéressée par le judaïsme, mais il me semblait normal de commencer par étudier mes propres racines. J'ai alors entrepris une maîtrise sur le judaïsme à l'Université Concordia. Plus j'étudiais, plus cela me fascinait. Parallèlement, j'ai rencontré un groupe Jewish Renewal (Judaïsme du renouveau) à Montréal et j'ai commencé à participer à leurs rencontres.

*Pouvez-vous nous décrire le mouvement Jewish Renewal (Judaïsme du renouveau) ?*

Le Judaïsme du renouveau est un mouvement néo-hassidique fondé dans les années 1960. Le fondateur du mouvement, Zalman Schachter-Shalomi, était auparavant rabbin hassidique Lubavitch. Il a quitté les Lubavitch et fondé ce mouvement avec l'intention de retrouver l'essence originelle du hassidisme, tournée entièrement vers la recherche d'un contact direct avec le divin à travers tous les gestes quotidiens. Ainsi, la pratique du Judaïsme du renouveau est principalement mystique et riche de chants, de musique et de méditations. Lorsqu'il a quitté sa communauté, le rabbin Zalman s'est intéressé à plusieurs pratiques spirituelles et mystiques, dont le bouddhisme, afin de renouveler sa propre pratique. Encore une fois, il ne s'agit pas de laisser tomber nos racines, mais plutôt de découvrir ce qui nous lie à d'autres tout en approfondissant les connaissances de nos propres traditions. Sa démarche a notamment permis de redécouvrir des pratiques juives abandonnées au fil du temps. Le judaïsme possède, par exemple, une longue tradition de méditation que la majorité des Juifs, même pratiquants, ignorent.

D'un point de vue plus structurel, le groupe s'est formé à Philadelphie, aux États-Unis, puis a pris de l'expansion. C'est un mouvement très décentralisé. Chaque groupe est autonome et n'est soumis à aucune autorité. Dans notre petit groupe, les personnes les plus engagées prennent la responsabilité de diriger les célébrations, mais personne n'est désigné pour le faire. Le rôle de leader de la cérémonie reste toujours ouvert à tous. Au Canada, le groupe le plus nombreux est situé à Vancouver et il compte suffisamment de membres pour avoir une synagogue. À Montréal, le groupe n'est pas assez grand pour cela. Les rencontres se font tour à tour chez différents membres. On célèbre ensemble le Shabbat au moins une fois par mois, on observe toutes les fêtes et on organise, chaque année, une retraite de deux jours. La pratique est loin d'être orthodoxe !

*Le Judaïsme du renouveau est-il considéré comme complètement ou partiellement dissident par le judaïsme conventionnel ?*

Le hassidisme était considéré comme hérétique à ses débuts. C'est probablement le cas du Judaïsme du renouveau actuellement. Mais en réalité, je crois que la plupart des Juifs n'en soupçonnent même pas l'existence.

*Qu'est-ce qui, dans le Judaïsme du renouveau, est en rupture et en continuité avec le judaïsme conventionnel ?*

Le Judaïsme du renouveau cherche à retourner à une pratique spirituelle basée sur la joie et l'extase qui engage tout le corps plutôt que de tendre vers une approche plus intellectuelle. Par ailleurs, les personnes qui font partie du mouvement ont des pratiques très personnelles et différentes, certains venant de familles très pratiquantes ou très traditionnelles, d'autres non. Je m'y sens libre de choisir tel ou tel rituel, d'aller puiser dans le mouvement ce qui me convient.

*Et en quoi ce mouvement est-il progressiste ?*

Prenons l'exemple des femmes, puisque c'est mon sujet de prédilection. Le Judaïsme du renouveau est plutôt équitable : les femmes peuvent, à leur initiative, y prendre des responsabilités d'animation des groupes ou devenir des rabbins, et elles le font en grand nombre. Cette situation est assez exceptionnelle puisque dans les autres mouvements juifs, même les plus progressistes, le rôle de la femme demeure assez restreint : il y a peu de femmes rabbins, moins encore à Montréal qu'ailleurs, et je ne connais aucune femme qui soit rabbin principale d'une grande congrégation. Remarquez que malgré cela, même dans le Judaïsme du renouveau, ce sont encore les hommes qui parviennent le plus facilement à s'imposer dans les positions de gestion. C'est agaçant, mais le mouvement, encore une fois, s'inscrit tout de même dans une société qui demeure largement patriarcale.

On trouve des gens ayant une mentalité sexiste dans le Judaïsme du renouveau comme partout ailleurs. Quoi qu'il en soit, le mouvement est beaucoup moins exclusif que toutes les institutions conventionnelles. Il n'y a pas de conditions d'adhésion. Personne n'est exclu.

*Quelle fut la réaction de vos parents lorsque vous avez adhéré au Judaïsme du renouveau ?*

Mes parents n'ont pas d'attachement religieux, et ils n'exercent aucune pratique traditionnelle. Dans ma famille, on ne célébrait pas les fêtes religieuses juives. C'est seulement depuis que j'ai commencé mes études que j'ai pris l'initiative d'organiser des célébrations. Cela crée des occasions de nous rassembler pour notre famille, et mes parents l'apprécient. Pour eux, en somme, ma pratique religieuse donne lieu à des événements heureux.

*L'identité juive dans votre famille n'était donc pas enracinée dans la religion ?*

Pour mes parents, l'identité juive était culturelle, c'est-à-dire composée des traditions, de l'histoire et de la langue. Mes parents ont grandi au cœur d'une culture juive très riche et diversifiée. Mon père a passé sa jeunesse en Europe de l'Est. Son environnement culturel juif était si riche qu'il n'arrive pas à comprendre que je remette en question mon identité juive. Le yiddish est sa langue maternelle et la littérature, le théâtre et la musique yiddish étaient florissants dans le monde de son enfance. Tous les gens qu'il côtoyait étaient membres du Bund. Ce mouvement politique de gauche qui défendait la culture yiddish était alors très actif, et tous les ans mon père séjournait avec sa famille dans le camp d'été du Bund. Quant à ma mère, ses parents étaient d'origine polonaise et ils vivaient en Belgique comme beaucoup de Polonais qui y travaillaient. Elle parlait yiddish et français, et vivait aussi dans une ambiance très juive mais tout à fait laïque.

Mes parents ont été brutalement déracinés de cette culture juive par la tragédie de l'Holocauste. Ma mère, par exemple, qui était encore enfant, n'a pas beaucoup de souvenirs de ses parents. Cette absence fait partie de son histoire intime mais également, dans un certain sens, de son identité juive. Mes parents ne se sont donc jamais posé la question « être ou ne pas être juif? ». Ils ont vécu dans un environnement juif, puis ils ont souffert parce qu'ils étaient juifs. Ça n'a jamais été pour eux une question de choix.

Pour ma part, lorsque j'étais jeune, je ne trouvais pas de raisons positives de m'identifier comme juive et je refusais de me considérer comme juive pour des raisons négatives. Je ne voulais pas me sentir juive en réaction à l'antisémitisme, je ne voulais pas que des gens comme Hitler m'obligent à me sentir juive. J'ai grandi à Montréal dans une culture où il y a tellement de choix que je ne voyais pas pourquoi je m'identifierais au judaïsme en particulier. J'étais à l'aise dans plusieurs milieux. Dans les années 1960-1980, nous voulions toutes et tous être internationalistes! En vieillissant, je me suis mise à éprouver un vide dans ma vie. Cherchant à le combler, j'ai commencé à fréquenter des groupes juifs. Je m'y sentais un lien que je ne sentais pas ailleurs, quelque chose que je partageais avec eux sans qu'il soit nécessaire de le verbaliser. Bien sûr, je me sentais également une appartenance à des groupes féministes, mais pour des raisons politiques plutôt que spirituelles. Le lien entre féminisme et spiritualité commence à se faire maintenant, mais les féministes ont d'abord rejeté les questions religieuses.

*Le Bund, dont votre père et ses proches faisaient partie, était un mouvement politique consacré à la défense et à la promotion de la culture yiddish en Europe de l'Est, mouvement qui ne croyait pas à la nécessité de fonder un État juif tel qu'Israël. Les bundistes étaient alliés avec les bolcheviks lors de la Révolution en Russie, mais ils ont par la suite été massacrés par ces derniers. Peut-on dire que l'Histoire a prouvé que les bundistes avaient tort d'être antisionistes?*

L'histoire ne prouve rien, l'histoire ne trie pas ce qui est bien et ce qui est mal. L'histoire ne démontre pas que les bundistes avaient tort ; l'histoire démontre seulement qu'ils ont été assassinés.

*Cette méfiance envers le sionisme s'est-elle transmise dans la famille ?*

Je considère, comme mon père, qu'Israël ne doit pas nécessairement occuper le point central de la vie juive. Je suis beaucoup plus intéressée par les communautés juives de l'Amérique du Nord. Nous avons ici des communautés très vivantes et vivaces dont l'identité ne repose pas sur un lien avec Israël. Je reconnais que l'État d'Israël a son importance, surtout pour des raisons de sécurité, mais je ne suis absolument pas d'accord avec sa politique impérialiste.

*Êtes-vous allée en Pologne, le pays d'origine de vos grands-parents maternels ?*

Non. Le monde que je voudrais y voir n'existe plus. Je n'ai pas envie de voir les ruines de ce qui était tellement vivant. Ce qui existe actuellement ne m'intéresse pas beaucoup. Et s'il s'y trouve encore de l'antisémitisme, je ne veux absolument pas le voir.

*En terminant, comment déclinez-vous l'identité de Sonia Zylberberg ?*

Je m'identifie certainement comme « canadienne », une identité qui évoque pour moi le privilège et la liberté dont je jouis et dont ne profite pas la majorité des gens sur la planète. Je ne m'identifie pas comme « québécoise », parce que c'est une étiquette difficile à porter pour les gens qui ne sont ni francophones ni catholiques. Mais attendez : j'ai dressé l'autre jour — en prévision de cette entrevue — une liste étonnamment longue de termes définissant mon identité. *(Elle sort de son sac cette liste et s'apprête à la lire à voix haute.)* Oh ! j'avais inscrit « québécoise » ! Et j'ai curieusement mélangé l'anglais et le français : « *Jewish, woman, single, student, intellectual,* immigrante, réfugiée, enfant de survivant, montréalaise, québécoise, canadienne, occidentale, née en Angleterre, *middle-aged.* » Eh bien ! disons alors que je suis « québécoise », même si cette identité me pose visiblement un problème… J'imagine que celle-ci fait véritablement partie de moi… malgré mes réserves. J'ai grandi ici mais je n'ai jamais eu l'impression d'appartenir à cet environnement. Mais c'est quand même le milieu où j'ai évolué jusqu'à l'âge de vingt ans, et cela m'a certainement beaucoup influencée. Je confonds toutefois peut-être Montréal et le Québec. Cette ville est unique en Amérique du Nord. De tous les endroits où j'ai vécu, je préfère Montréal. Cette ville a une âme.

# Devora Neumark

Art et construction de l'identité — l'identité
comme processus dynamique — victimisation
et guérison — héritage et transmission
intergénérationnelle — les femmes —
le dialogue comme source de l'identité

*Intensité et engagement sont les deux termes qui ont résonné le plus puissamment à nos esprits chaque fois que nous sommes sortis d'une rencontre avec Devora Neumark. Quelle énergie ! Vibrante et pleinement investie, jamais un entretien avec elle ne laisse son interlocuteur inchangé. Chaque fois, d'ailleurs, l'entrevue semble se développer à l'image des œuvres qu'elle crée.*

*Devora Neumark est une alchimiste et la transformation est un thème central dans son travail ; chacune de ses œuvres cherche à être un agent modifiant la communauté comme les individus.*

*L'art, selon Neumark, a indéniablement un rôle actif à jouer dans la société. Sa pratique inclut, entre autres, de la performance, des installations sonores, de la photographie, des œuvres publiques, des recueils de récits. Elle écrit également, prend part à des conférences, débats et colloques. Mais peu importe le médium, œuvres et discours sont pénétrés d'une forte conscience sociale. Et cela franchit les limites de la représentation. En effet, ses œuvres fonctionnent en relation avec les gens — individuellement ou en communauté. Son engagement ne se limite pas à sa propre démarche de création. Par exemple, elle contribuait récemment à la mise sur pied d'Engrenage Noir, un organisme qui favorise la création de liens entre les milieux communautaires et artistiques et soutient, par des formations et des subventions, des projets artistiques à visées sociales.*

*Parmi ses innombrables réalisations, V'al Ha'kol (2000), qui est composée de quatre mosaïques inspirées de textes liturgiques et qui accueille les visiteurs du Guilbert Center, le centre de conférences du complexe culturel juif de Montréal, et le colloque* Visual Art and Jewish Identity : A Contemporary Experience, *organisé en collaboration avec Régine Basha et tenu au Centre Saydie Bronfman en 1995.*

*Qu'est-ce qui, dans votre travail de création, peut être considéré comme enraciné dans votre héritage culturel juif ?*

Il n'est pas nécessairement facile d'établir un lien direct ou évident entre la plupart de mes œuvres et les sources judaïques qui les ont influencées. Dans certaines de mes œuvres, on trouve une référence explicite à la judéité, mais la plupart de celles-ci m'ont été commandées et devaient s'inscrire dans un contexte ouvertement juif. Je peux vous en citer trois exemples : *V'al Ha'kol* est une série de quatre mosaïques créées pour la maison Cummings[1] à Montréal en 2000. On m'avait alors donné des textes liturgiques dont on voulait qu'ils tiennent lieu de thème pour la réalisation de ces mosaïques. J'en ai ensuite discuté avec des membres de la communauté juive de Montréal, puis les dessins de ces quatre images-mosaïques ont émergé d'une série de méditations sur certains enseignements de la kabbale⋆ et de recherches sur les principes d'incertitude et de complémentarité de la physique quantique. Ces images sont un appel personnel, social et spirituel visant à faire prendre conscience du fait que le développement et le maintien d'une communauté globale constituent une entreprise tortueuse ; elles sont également un appel à une coexistence pacifique et à une distribution équitable

---

1. Bâtiment abritant plusieurs organismes communautaires juifs à Montréal.

des ressources. Il est dit dans la kabbale qu'au moment de la création du monde le vase contenant la lumière s'est fissuré et qu'il revient aux individus de libérer ou d'alimenter l'étincelle qui se trouve emprisonnée dans l'existence matérielle. Ces quatre mosaïques sont donc un écho de ce désir de libérer les éclats de la vie quotidienne et d'expérimenter la conscience et la gratitude. C'est aussi une invitation à concevoir le monde physique selon les principes de la science quantique.

Entre 1996 et 1998, j'ai créé une œuvre dont le titre est *Une vérité, une fiction... du Shabbat et du sentiment d'être une imposteure.* Cette œuvre est une reconstruction sous forme de performance de la toile *The Friday Night* d'Isidor Kaufmann et la performance m'a permis de m'insérer dans son espace pictural et psychologique. J'ai reconstruit l'espace physique représenté dans la toile de Kaufmann et je m'y suis insérée, m'asseyant à la lueur des chandelles posées sur la menorah★ de Shabbat appartenant à ma mère, vêtue d'une robe de papier confectionnée à partir d'un patron d'une chic robe de soirée. Tout au long de la performance, j'ai défait la robe morceau par morceau pour réagencer ces morceaux au fur et à mesure, de manière à fabriquer une couverture dans laquelle je me suis finalement enveloppée. Cette performance exprimait la question centrale suivante : « Comment se fait-il que nous continuions indéfiniment à mener notre vie selon les modèles — les patrons — individuels et collectifs que nous avons reçus en héritage ? » Une projection grand format de diapositives de cette performance a été présentée au congrès de fondation du Réseau des lesbiennes du Québec de Montréal et une version ultérieure de cette performance a ensuite été réalisée à la York Quay Gallery au Harbour Front à Toronto, lors de l'exposition collective *Dancing with the Leviathan* présentée dans le cadre du festival *Ashkenaz* de Toronto.

Enfin, j'ai récemment réalisé une œuvre dans laquelle je réfléchissais sur la loi juive du divorce et sur les implications et les répercussions de son application à la sphère sociale. À cette époque, j'étais moi-même en instance de divorce. Le mariage avait été célébré selon la tradition juive, mais mon conjoint ne voulait pas suivre le rituel juif de séparation. Je pouvais le comprendre puisqu'il n'était pas lui-même d'origine juive. Cependant, je ressentais le besoin d'un rituel qui marquerait mon passage d'un état à l'autre. L'art m'est apparu comme une solution et j'ai abordé naturellement la réflexion d'un point de vue féministe. J'ai repris la formule prononcée traditionnellement par l'homme juif lors de la cérémonie du divorce — « *Harei at mutteret l'chol adam* » — par laquelle il dit à sa femme : « Tu as la permission… », la permission de partir. Mais il dit aussi : à compter de maintenant, tu es disponible pour n'importe quel homme. Je n'ai gardé que la première partie de la formule rituelle et je l'ai présentée superposée à des reproductions de toiles datant de différentes époques et représentant des femmes lors de la cérémonie de leur mariage. Sans qu'il y ait besoin de décrire davantage l'œuvre et les couches symboliques qui la constituent, on comprend déjà que cette œuvre est iconoclaste d'un point de vue orthodoxe. Il doit en effet être assez choquant pour un rabbin de voir une phrase liée au divorce directement associée à la cérémonie du mariage et de constater de plus que la formule rituelle a été amputée. Comment un rabbin ne voudrait-il pas marginaliser mon travail? Mais suis-je obligée d'accepter que son jugement constitue la référence première? Je préfère croire qu'il n'y a pas qu'une seule autorité qui détermine ce qu'est l'identité juive.

Plusieurs peuvent dire qu'il y a peu de chose qu'on puisse reconnaître comme étant incontestablement juif dans ma démarche de création en raison de mon choix d'introduire de l'espace et de la flexibilité dans les enseignements judaïques avec lesquels j'ai grandi. Par exemple, l'une de mes dernières œuvres, *The Kindest Thing,* invite les gens à réfléchir sur la réponse qu'ils apporteraient à la question : « Quelle est la chose la plus aimable qu'on ait faite pour vous? » Eh bien, pour cette œuvre, j'ai étudié les niveaux de générosité et de tolérance de Maïmonide et al-Nakawa, mais je me suis aussi inspirée de ma pratique du *Tonglen* — la pratique consciente de la compassion du bouddhisme — et j'ai mené des recherches au sujet d'autres codes culturels de générosité et de tolérance, tels que le *merhamet* bosniaque ou l'*umbutu* sud-africain. Avec le temps, et en y accordant beaucoup de soin et d'attention, je suis donc parvenue à accepter, et même à accueillir comme une bénédiction, l'influence que les enseignements juifs et les valeurs qui y sont liées ont eue sur moi, et je combine maintenant le tout avec d'autres influences et d'autres racines.

*Malgré l'ambivalence de vos œuvres à l'égard de votre héritage juif, peut-on dire que vous vous situez à l'intérieur de cette tradition, même si certaines de vos œuvres entrent en friction avec celle-ci ?*

Est-ce vraiment moi qui peux statuer sur cette question ? Le monde de mon enfance était profondément enraciné dans la tradition juive religieuse et mes parents m'avaient inscrite à une yeshiva que j'ai fréquentée jusqu'à la fin de mes études secondaires, ce qui représente douze années d'éducation juive intensive. De plus, mon père, qui était lui-même né dans une famille hassidique, pratiquait comme rabbin orthodoxe. Et enfin, comme de nombreux enfants de parents ayant vécu la Seconde Guerre mondiale, ma vie au sein de ma famille a été marquée par la douleur que mes parents et grands-parents ont vécue et dont ils ne parvenaient pas totalement à assumer les conséquences. C'est pour réussir à prendre un recul par rapport à cette douleur et me permettre d'en guérir que j'ai évacué toutes traces de judéité dans ma vie pendant de longues années. C'est donc tout un changement pour moi que de me retrouver dans une position où je peux admettre que le cœur de mon œuvre est influencé par ma personnalité juive, quoique de façon souvent trouble et tempérée par d'autres influences. Ce changement d'attitude à l'égard de mes origines juives s'explique par un événement très marquant : j'ai eu l'occasion, en 1993, de rencontrer Lily Markiewicz, une artiste d'origine juive allemande vivant actuellement à Londres. J'étais tombée sur un dépliant d'information sur une de ses œuvres intitulée *I Don't Celebrate Christmas (Je ne célèbre pas Noël)*. Ce que j'ai vu et lu dans cette modeste publication m'avait alors interpellée profondément et avec une force que j'avais rarement ressentie auparavant. J'ai communiqué avec elle par lettre pour lui indiquer à quel point son travail m'avait touchée. Cette correspondance nous a amenées dans un premier temps à réaliser ensemble une installation intitulée *Like (in) the Space of Breath (Comme (dans) l'espace du souffle)* à la Forest City Art Gallery à London, en Ontario, en 1994.

Les préoccupations que nous partagions, Lily et moi, à propos des questions de l'identité juive, du processus de création et de la communauté ont abouti à l'organisation d'un colloque international intitulé *Visual Art and Jewish Identity : A Contemporary Experience,* dont la structure et le contenu incarnaient les préoccupations que nous partagions. Ce colloque a eu lieu en 1994 au Centre Saydie Bronfman, grâce à l'enthousiasme et aux efforts de Régine Basha, alors directrice de la galerie d'art du centre. Il a duré trois jours pendant lesquels nous avons abordé des sujets tels que le nationalisme, l'exil, l'antisémitisme, les rapports entre des questions politiques liées à l'identité comme la sexualité, le tout en relation avec leur expression dans les arts visuels. Même si le colloque portait exclusivement sur l'identité juive, on s'est rapidement rendu compte qu'on en vient toujours à se poser les mêmes questions lorsque l'on réfléchit sur le thème de l'identité d'un point de vue ethnique, religieux ou sexuel. On finit ainsi inévitablement par parler de la mémoire, du processus de prise de parole et de pouvoir. Quelqu'un peut donc s'approprier des réflexions touchant à une identité qui lui est étrangère et les appliquer à sa propre expérience. Cette prise de conscience m'amène de plus en plus à vouloir dépasser cette question de l'« art juif ». Je suis donc mal à l'aise lorsqu'on m'interroge uniquement au sujet de ma judéité, car je souhaite adopter une approche plus englobante. J'aimerais pouvoir me dire que je fais partie du continuum de l'art juif, aussi bien que d'autres continuums, car je suis fatiguée de cette manie que les gens ont de voir le monde en des termes de « nous et eux ». Si j'avais à titrer le colloque aujourd'hui, je mettrais le terme « identités » au pluriel plutôt qu'au singulier pour indiquer l'importance que j'accorde à la multiplicité des expériences et des voies selon lesquelles nous pouvons nous ouvrir à l'extérieur en dépit de nos identifications individuelles… ou peut-être à cause d'elles.

En ce qui concerne plus spécifiquement ma création artistique, Lily et moi avions pris le temps de regarder ensemble mon travail lorsqu'elle est venue à Montréal pour la première fois. Sa réaction a été sans équivoque. Lily s'est alors exclamée : « C'est incroyable à quel point un sens de la judéité s'exprime avec force dans toutes tes œuvres ! » Or, je dessinais et peignais à cette époque des images qui puisaient dans les formes commémoratives et les rituels de deuil, mais je n'étais pas du tout consciente que ces images entretenaient de quelconques relations avec la partie juive de mon identité. Je n'étais pas non plus consciente que je cherchais à transformer mon ressentiment et ma douleur envers le judaïsme en acceptation, voire en célébration, à travers ce travail. Mon déni de mon propre héritage orthodoxe était alors tellement aigu que les propos de Lily m'ont ébranlée et que j'ai mis du temps à les accepter. Au cours de longues discussions, Lily m'a fait remarquer que la disposition des éléments dans mon œuvre ainsi que le contenu de la réflexion étaient d'inspiration talmudique, et j'ai été forcée d'admettre qu'elle avait raison. C'est seulement à ce moment que je me suis rendu compte à quel point j'avais confondu l'idée d'être juive et celle d'être une victime de la violence.

Maintenant, je ne nie plus que je viens d'une famille très orthodoxe et que mon imaginaire est encore imprégné de cette conception selon laquelle l'orthodoxie définit la norme… Mais je conteste à ma manière la légitimité de l'orthodoxie comme processus de pensée et l'autorité dans une structure religieuse. Sous plusieurs aspects, ma pratique artistique est donc le témoin de ma propre évolution.

*Selon Julien Bauer, l'observance religieuse est la seule façon d'assurer la continuité d'une identité juive. On pourrait reformuler l'affirmation pour l'adapter à la question de l'art. Nous dirions ainsi que seul l'art religieux permettra d'assurer une continuité de l'art juif qui risquerait, sans cela, de se dissoudre. Qu'en pensez-vous ?*

La véritable question est en réalité de savoir à qui l'on donne l'autorité de déterminer ce qui doit être inclus dans cette identité dont il faut assurer la continuité. De nombreux bundistes sont morts pour défendre la culture et l'identité juives qui étaient les leurs. Ils ont laissé derrière eux un héritage indéniable mais qui ne contient rien de religieux. Qui peut dire aujourd'hui qu'ils n'ont pas contribué à façonner l'identité juive et que leur apport est négligeable par rapport à celui des religieux ? Ce conflit éternel entre les différentes visions de l'identité juive est justement ce qui constitue la vraie continuité dans la communauté juive. Toute la définition de la culture est là, dans la lutte, dans l'opposition entre le maintien de son appartenance à une identité partagée et la contestation de l'appartenance de certains à cette identité. Toute participation à une culture, qu'elle soit en musique, en poésie ou en arts visuels, agit comme un catalyseur permettant à un individu de s'identifier davantage à une culture ou, au contraire, de s'en dissocier. Mais de quelle continuité parlons-nous ? Certaines personnes prennent la voie orthodoxe, et c'est très bien. D'autres sentent une identification sociale ou une connexion spirituelle sans qu'ils s'adonnent à des pratiques religieuses. Tous participent ainsi à la mosaïque… Je refuse l'idée selon laquelle il n'y a que par la pratique religieuse que la tradition se perpétuera ; cette idée me semble inspirée par la peur.

*La peur ?*

Il est difficile de reconnaître que l'identité prendra soin d'elle-même et qu'il y aura toujours une culture juive, même si la définition de la culture juive change avec le temps. Il s'agit d'une tension délicate : on se demande toujours si l'on y gagne ou si l'on y perd lorsque l'on est ainsi à cheval entre plusieurs cultures. Dans le processus de développement d'un individu et d'une communauté, il y a des moments de stagnation (qui peuvent parfois être très douloureux et durer toute une vie) où nous nous crispons sur de vieux schèmes, croyances et systèmes. Il est difficile d'abandonner le confort que nous donnent l'habitude et la familiarité, et de choisir quelque chose de neuf, même lorsque nous pouvons deviner que ce confort ne nous est plus utile, et qu'il est même nuisible dans les circonstances présentes.

Lorsqu'une population est soumise à un traumatisme tel que l'Holocauste, la bombe d'Hiroshima ou le génocide du Rwanda, la violence s'immisce dans tous les recoins de la société. Dans le cas des Juifs, la peur de la violence politique n'est jamais très loin. Ils ont tellement été persécutés qu'ils en sont venus à intérioriser individuellement cette idée de violence dont ils ont été victimes collectivement. La guérison prend du temps car il faut rebâtir la confiance. Malheureusement, on laisse rarement aux sociétés le temps et l'espace nécessaires pour guérir de toutes ces blessures, et les insécurités se transmettent alors de génération en génération : on retrouve donc les mêmes comportements agressifs qui servent alors de mécanismes de défense. La violence devient un mode d'interaction, un modèle de comportements. Comment peut-on être tendre envers ses proches si on n'a été témoin que de comportements violents ? Je ne nie pas que le conflit fasse partie intégrante de la vie. Cependant, affronter une situation conflictuelle en cherchant à en faire une force de transformation personnelle et interpersonnelle n'est pas la même chose que mettre toute son énergie pour parvenir à rester le plus près de sa position initiale.

J'ai moi-même été victime de violence lorsque j'étais enfant. J'ai donc été amenée malgré moi à réfléchir sur ce problème de la violence et de la victimisation. J'ai constaté que l'on considère que la violence est l'affaire d'individus isolés d'autant plus communément que cette violence est vécue en secret dans un espace intime, tel que le huis clos d'une famille. Il devient alors très difficile de voir le lien entre la vie intime et l'histoire sociale du groupe auquel appartiennent les individus en cause. L'individu a évidemment une part de responsabilité à l'égard de la violence qu'il fait subir à ses proches, mais il ne faut pas oublier que cet individu violent s'inscrit dans une collectivité qui a une expérience plus longue que la sienne. Aux États-Unis, par exemple, il est commun qu'une douleur se perpétue de génération en génération dans les familles d'Afro-Américains descendants d'esclaves et avec une récurrence qui ne permet pas de croire qu'il s'agit d'un problème lié à une cellule familiale particulière. On peut observer le même phénomène chez les autochtones.

Pour mettre fin à cette violence intergénérationelle, il faut prendre conscience des mécanismes de cette violence. Je dois savoir que mon grand-père maternel a vu sa propre sœur mourir dans ses bras lors d'un pogrom en Pologne si je veux espérer comprendre et pardonner la violence dont j'ai moi-même été victime étant enfant. Je dois également savoir que mon père et sa famille ont été expulsés de leur maison lorsque mon père était encore enfant, qu'ils ont fui les armées allemandes, qu'ils ont été enfermés dans des goulags par les Soviétiques, qu'ils ont vécu dans de vastes camps de réfugiés à la suite de la guerre et que mon père n'a jamais pris le temps de soigner toutes les plaies qu'il traîne depuis avec lui. Ce savoir historique ne me fait pas accepter que mon père ait rejeté sa violence sur ses propres enfants, mais cela me permet de comprendre qu'il a été blessé lui aussi et que nous devons tous ensemble entreprendre un processus de guérison. Il y a un proverbe juif qui dit : « Guéris-toi et tu guéris sept générations à venir ; guéris-toi et tu guéris sept générations passées. »

Le problème, c'est que certaines personnes préfèrent entretenir une identité de victime et le discours de victimisation qui l'accompagne. Après l'Holocauste, tout un discours s'est mis en place qui amalgamait deux désirs : d'une part, le désir légitime de rendre compte de la souffrance de l'Holocauste, de la souffrance des victimes réelles et aussi de la souffrance qui peut affecter les survivants et qui provient du souvenir de cette catastrophe ; d'autre part, le désir de laisser entendre que les Juifs jouissent d'une certaine supériorité morale précisément parce qu'ils ont été victimes. Il faut reconnaître qu'une identité d'opprimé et de victime confère parfois un certain pouvoir moral. Si je revendique un statut de victime, c'est que je sais que le reste du monde doit se sentir redevable envers moi. Mais il n'est pas rare de voir les descendants de victimes se transformer en bourreaux tout en continuant à entretenir une identité de victime lorsqu'il y a des traumatismes intergénérationnels non résolus. L'histoire de la grande catastrophe originelle et du traumatisme initial devient alors un dogme et fournit une série de justifications qui empêchent l'individu de s'apercevoir qu'il est à son tour devenu un bourreau. Aussi polémique que cela puisse sembler, et sans oublier que la situation au Moyen-Orient est très complexe et qu'elle compte des éléments économiques, sociaux, politiques et historiques, il y a néanmoins plusieurs bonnes raisons de comprendre ce qui se déroule aujourd'hui comme relevant de la dynamique du traumatisme, tout particulièrement comme relevant de la dynamique victime-survivant-bourreau.

Les gens qui appartiennent à la majorité de la population juive mondiale, plus spécialement ceux qui représentent le noyau du sionisme conservateur, ne peuvent accorder pour l'instant aucun espace aux « autres » précisément parce qu'ils ne sont pas encore parvenus à résoudre les contradictions que contient la mémoire de leur récent traumatisme et parce qu'ils se considèrent conséquemment comme des victimes par essence. Si les Juifs prenaient conscience de l'injustice qu'ils font subir aux Palestiniens, ce n'est plus tant leur survie physique qui serait menacée que la survie même de leur mémoire, et l'Histoire devrait alors être réécrite. Mais pour guérir, il faut être prêt à pardonner, à prendre le risque de faire confiance. Il est futile de prier pour que Dieu accorde la paix uniquement aux Juifs, sans inclure dans ces prières des pensées pour les Arabes et pour tous ceux qui souffrent sur notre pauvre planète, puisqu'une éventuelle coexistence pacifique sera partagée par tous ou ne sera pas.

Il y a encore des Juifs qui refusent de mettre les pieds en Allemagne à cause du nazisme, et même jusqu'à récemment en Espagne à cause des exactions qui y ont été commises contre les Juifs à la fin du Moyen Âge. L'identité juive a jusqu'ici été inondée par la notion de souvenir, peut-être parce qu'il s'agit là du point central des fêtes et des célébrations rituelles de Hanouka★ et de la Pâque. Ces références majeures nous rappellent que nous avons un jour été esclaves et victimes d'oppression. La mémoire est importante, il est vrai, mais la capacité d'être présent dans le moment l'est tout autant. Nous vivons nos expériences selon nos configurations mentales. Si nous persistons à croire que le passé détermine notre présent, il n'y a alors aucune possibilité de changer le cours des choses. La peur rigidifie nos essais de résolution de conflit en nous gardant toujours dans l'attente que l'autre change d'abord. Mais rien n'est possible de cette façon : le changement surviendra lorsque l'individu ou le corps social se mettra dans une posture qui le disposera à accepter le mouvement comme partie intégrante du processus, plutôt que de rester agrippé à des attentes fixes.

Tout cela soulève une question délicate : pourquoi insister tant pour que l'histoire contemporaine des Juifs se résume à l'histoire de l'Holocauste et de ses conséquences ? Il y a pourtant une autre judéité (un autre judaïsme) qui n'a rien à voir avec l'Holocauste. Il y avait des Juifs vivant à Montréal pendant la Seconde Guerre mondiale, d'autres en Irak ou en Amérique latine et ils n'ont pas été victimes de l'Holocauste. On revient au problème évoqué précédemment au sujet de la définition de l'art juif : qui raconte l'Histoire des Juifs ? Où se situe cette personne qui raconte l'Histoire et quel est son lien avec les événements historiques ? Il est important de se rendre compte qu'il existe une multitude d'expériences et qu'il n'y a pas de vérité absolue.

Cela dit, je ne nie pas que les Juifs aient souvent été victimes de violences sociales et politiques. Je dis simplement qu'il faut déconstruire les récits historiques officiels et, surtout, qu'il faut amorcer des processus de guérison. Malheureusement, la culture mondiale célèbre le spectaculaire, le conflit et les bains de sang. C'est de cela qu'il est toujours question à la une des quotidiens. Le défi est donc d'apprendre à ne plus avoir besoin de cette décharge d'adrénaline que nous procure le conflit et de faire plutôt preuve de compassion. Et d'oser nous poser ces questions : que faisons-nous, nous-mêmes, pour appeler et enclencher la haine ? De quoi sommes-nous responsables ? En quoi la situation actuelle nous profite-t-elle ?

*L'histoire juive est riche d'exemples d'individus portés par le besoin de s'engager pour des causes sociopolitiques. Pouvez-vous nous expliquer comment cet héritage se concrétise dans vos créations ?*

Il existe à New York un regroupement de Juifs du nom de Jews for Economical and Social Justice (Juifs pour la justice économique et sociale), dont les interventions comportent toujours une part importante de militantisme et qui ont beaucoup travaillé avec des groupes aux prises avec des problèmes d'ordre économique, tels les sans-abri. Pour ces individus, l'identité juive est nécessairement liée à un engagement politique dans leur propre environnement social. Ce genre de regroupement de Juifs politisés n'existe pas ici où les prises de positions sont plutôt individuelles. Il existe cependant des regroupements et je me suis engagée notamment dans le développement d'Engrenage Noir, un organisme qui encourage la responsabilité sociale dans l'activité artistique. L'objectif de cet organisme est, d'une part, de faciliter la rencontre entre des artistes et des groupes communautaires et, d'autre part, de soutenir les artistes qui s'engagent dans une démarche sociopolitique selon les principes d'acceptation de la diversité, de coopération, de durabilité et de coexistence pacifique. Il y a une parfaite cohérence entre mon engagement au sein de cet organisme et le reste de mon cheminement, et il me semble aller de soi que mon travail de création constitue à son tour une forme d'engagement sociopolitique puisqu'il consiste en grande partie à explorer les liens entre, d'un côté, la violence publique et la violence privée et, de l'autre, la guérison potentielle que peut apporter l'art. Le défi à l'intérieur de la culture juive est peut-être de parvenir à se détacher de la notion protectrice de « Peuple élu », à la transcender même. Lorsque je réfléchis à la souffrance, par exemple, je ne m'arrête pas pour considérer si cette personne qui m'environne est juive ou non, et serait donc plus ou moins destinée à être soulagée de cette souffrance.

Tout à la fois, je ne peux pas éviter la complexité et je ne veux pas tenir des propos réducteurs ou démontrer des aspirations simplistes. La culture, c'est aussi une question de pouvoir. Lorsque j'ai fait ma performance *Dutch Women at Large* au Metropolitan Museum of Art de New York, j'étais très consciente que le MET camoufle la diversité culturelle et surtout l'art des minorités, pour privilégier ce qu'il considère comme la culture « universelle ». Il faut tellement d'efforts et de travail de reconceptualisation avant d'arriver à comprendre qu'il s'agit simplement d'une version *possible* de l'histoire de l'art, d'une reconstruction de la culture en grande partie déterminée par le pouvoir et les institutions officielles.

*Dutch Women at Large* se voulait un engagement délibéré à l'égard de la domesticité — et de sa représentation — et de la pratique de la vie quotidienne. Cette performance réinterprétait la peinture de genre hollandaise, tout particulièrement l'œuvre de Gerard Ter Borch (1617-1681) titrée *Curiosité*. Lorsque j'ai commencé à penser réaliser mon œuvre à New York, il a été tout de suite clair pour moi que je devais le faire à l'intérieur du MET parce que cet endroit est pour moi le premier et le plus important symbole de l'art et de la culture, étant donné qu'on m'y a emmenée tous les dimanches de mon enfance. Ma mère dit aujourd'hui que cette longue excursion qu'elle nous faisait faire de Queens jusqu'au musée lui permettait de satisfaire ses propres désirs d'art et de culture. En même temps, elle pouvait occuper ses enfants à moindre coût tout en nous donnant l'occasion d'entrer en contact avec ce monde des arts auquel nous n'avions pas accès dans la communauté juive orthodoxe.

Dans le but de réaliser cette performance, j'ai fait des recherches sur l'histoire et l'anthropologie de la société hollandaise du XVII$^e$ siècle. J'ai observé les rôles sexuels et la représentation de l'espace domestique qu'on faisait à l'époque dans l'art pictural. J'ai aussi cherché à comprendre de quelle manière les codes vestimentaires des communautés juives d'alors étaient imposés de l'extérieur par les autorités légales et de l'intérieur par les traditions juives. Je poursuivais donc la même réflexion concernant la dynamique des rituels domestiques et leurs relations avec la sphère publique que celle que j'avais amorcée dans *Une vérité, une fiction... du Shabbat et du sentiment d'être une imposteure*. Durant ma performance *Dutch Women at Large*, j'ai revêtu l'image de la femme hollandaise de la peinture et j'engageais la conversation seulement avec les personnes qui m'approchaient. J'avais l'intention de brouiller les frontières entre les rôles actifs et passifs du regardant et du regardé, du témoin et de l'observé, entre la théâtralité et la performativité, entre le sujet et l'objet, entre le portrait, la narration et le récit. En incarnant le personnage représentant la femme hollandaise, je la mettais en action et en interaction avec la culture qui l'entoure. À travers ma reconstitution, cette femme représentée se voyait offrir un rôle différent de celui qui consiste pendant de longues années à n'être qu'observée, scrutée, épiée et donc à être réduite à un espace pictural domestique. Le public, pour sa part, voyait également son rôle redéfini : il était aspiré dans une dynamique inhabituelle créée par la coexistence de la représentation, mon incarnation du personnage et son expérience de réception.

Et c'est pendant que je vivais la performance que j'ai commencé à prendre conscience du fait que cette œuvre me sollicitait aussi personnellement et m'amenait à confronter les attentes externes avec les attentes intériorisées que je vivais et qui me

poussaient à être la « bonne fille juive » telle que mes parents le
voulaient. Leurs attentes envers moi, tout comme la plupart des
exigences imposées par la famille et la communauté, ne sont
jamais tout à fait comblées. Le tissu que je portais avait beau être
somptueux, le corset qui façonnait mon corps n'en était pas
pour autant confortable. Pas plus d'ailleurs que le sentiment
d'anxiété que faisait naître en moi l'expérience.

*Curieusement, vous avez quitté New York pour venir vous établir à
Montréal, alors que tant d'artistes de Montréal considèrent New
York comme la Mecque de l'art contemporain.*

Je suis encore très new-yorkaise. Je glisse encore de temps à
autre dans mes vieilles habitudes de voir le monde en noir et
blanc. C'est souvent la polarité que je vois en premier, même si
je tente d'explorer des zones de gris et de couleur. Sous plusieurs
aspects, la mentalité qui traverse New York est pathologique et
destructrice : indépendamment de votre création et de l'effort et
du temps que vous mettez dans votre travail, ce n'est jamais
assez. Jamais. On n'en fait jamais assez, on n'est jamais assez, on
n'a jamais assez. Vous ne comptez pas — et vous êtes donc malheureux — si vous n'êtes pas coté dans le milieu et si vous n'avez
pas de secrétaire ni de téléphone portable. On retrouve plusieurs
artistes qui ne sont capables que de parler d'argent et de reconnaissance même parmi ceux et celles qui démontrent une forte
conscience sociale et qui sont reconnus sur la scène internationale. J'ai assisté récemment à une conférence de Leon Golub, un
artiste new-yorkais, organisée par le Musée d'art contemporain
de Montréal. Deux cents personnes s'étaient déplacées pour
l'entendre parler de sa conception de l'art, de l'importance
sociale de l'art, etc. Il n'a fait que se plaindre qu'il ne gagnait pas
suffisamment d'argent et que son œuvre n'était pas suffisamment
reconnue… Voilà ce que New York fait de vous. À Montréal, au
contraire, vous pouvez sentir que votre art a un impact. La ville
est généreuse envers vous et les artistes n'y sont pas obsédés par

la concurrence. Bien sûr, nous sommes en périphérie de New York et de l'aura dominante des États-Unis, mais mon travail à Montréal me permet de rencontrer des gens, de discuter avec eux et d'être plus heureuse que je ne le serais à New York. La question est donc de savoir à l'égard de quel critère et à partir de quelle norme mon art doit être évalué pour que je me sente reconnue en tant qu'artiste. C'est là une question typique : selon quelle échelle se mesure et se définit mon identité ?

D'un point de vue pratique, j'habite Montréal car le père de mes enfants y vit et nous nous partageons leur garde. D'autre part, ma mère est née ici, ce qui crée une sorte d'attache. Mais ce qui importe vraiment et qui fait que j'adore vivre ici, c'est que la société québécoise poursuit une quête analogue à la mienne, et cela est très stimulant. Cette tension liée à la construction des identités plurielles au Québec m'offre beaucoup de possibilités pour mener (continuer) une exploration personnelle de mes propres identités. Le Québec tente tout comme moi de se dépêtrer d'un passé fortement marqué par la religion. Allons-nous remplir le vide provoqué par l'effacement de la religion par un nationalisme aveugle, transformant ainsi notre douleur d'opprimé en volonté d'oppression ? Ou allons-nous plutôt développer une compassion et une générosité, une société ouverte fondée sur l'inclusion et le partage ? Nous sommes tous engagés dans cette quête, une part de chacun de nous y est en jeu et ce que nous cherchons à découvrir est fondamental : comment voulons-nous vivre, selon quelle moralité publique et selon quelle éthique relationnelle et sociale ?

*Nous avons beaucoup parlé de la dimension juive de votre travail de création, mais vos œuvres traitent également de la féminité…*

Pendant longtemps, je n'ai pas eu conscience que j'avais une approche féministe du monde. Cette vision me semblait simplement correspondre à la réalité, et c'est seulement lorsque j'ai eu des conversations avec des gens qui ne partagent pas cette vision du monde que j'ai compris qu'on peut voir le monde autrement. Tout comme il m'a fallu qu'une amie me dise que mon art était influencé par mon judaïsme, c'est encore une amie qui m'a fait prendre conscience du fait que j'étais féministe. Au début, j'ai rejeté cette étiquette car je vivais alors avec mon époux selon des rôles définis de façon assez traditionnelle... Me concevoir comme féministe m'aurait obligée à remettre ma vie en question. Encore une fois, ce sont des circonstances extérieures qui m'ont forcée à réévaluer ma vie, incluant notamment l'incendie criminel de la maison où j'habitais. Au cours du processus, je suis arrivée à m'identifier comme féministe. Cela dit, je n'utilise les étiquettes qu'avec un certain malaise car l'étiquetage n'est pas sans désavantages. L'étiquette de féministe laisse entendre que toutes les féministes sont semblables : il y a pourtant des hiérarchies, des inégalités et des voix étouffées qui ne sont pas considérées comme respectables au sein même du mouvement féministe.

Un exemple illustrera les difficultés que peut éprouver une personne qui se déclare féministe et qui veut entrer en contact avec des Juifs orthodoxes. J'ai été pendant quatre ans vice-présidente du conseil d'administration d'un centre d'hébergement pour femmes juives battues et nous avons tenté d'élaborer toutes sortes de stratégies pour encourager la communauté orthodoxe à prendre conscience du fait que des Juives orthodoxes pouvaient elles aussi avoir besoin de nos services. Or, les orthodoxes perçoivent les féministes comme une véritable menace susceptible de déstabiliser leur communauté en encourageant l'émancipation des femmes. Dans le milieu juif orthodoxe, le rôle de la femme est défini avec précision. Plusieurs Juifs orthodoxes et ultra-orthodoxes prétendent que les femmes n'ont pas besoin de remplir un rôle aussi important que les hommes lors des rituels religieux simplement parce qu'elles sont déjà sur un piédestal puisqu'elles constituent la force centrale de la famille et de la communauté. Il s'agit là une fois de plus d'une tentative pour justifier une structure patriarcale injuste. De plus, et comme il est dit dans la Bible qu'un des principaux commandements est de protéger la paix à la maison, l'attitude traditionnelle des orthodoxes face à la violence faite aux femmes consiste, même si cela change doucement, à dire que les femmes doivent tout faire pour rétablir la paix dans la maison familiale, quitte à simplement pardonner au mari. Dans l'esprit des orthodoxes, si la femme est battue, c'est qu'elle n'en fait pas suffisamment à la maison. Elle doit donc redoubler d'effort et de gentillesse et, surtout, ne pas blâmer le mari car cela menacerait la paix du foyer… Résultat, les femmes orthodoxes battues qui désiraient recevoir de l'aide tout en respectant leur foi n'avaient pour ainsi dire accès à aucune ressource extérieure à leur communauté. C'est finalement lorsqu'un des rabbins orthodoxes les plus influents en Amérique du Nord a découvert il y a quelques années que sa propre fille était victime de violence conjugale, et qu'il a écrit un livre sur la question, que les Juifs orthodoxes se sont rendu compte que la violence faite aux femmes pouvait les concerner eux aussi. Les choses bougent donc un peu. Le centre d'hébergement où j'ai travaillé n'était alors ouvert que depuis une dizaine d'années et il s'agissait du premier et du seul centre d'hébergement pour femmes battues au Canada respectant les règles de la nourriture cascher et les autres règles du judaïsme orthodoxe.

Il faut accepter que cette identité juive soit définie par les conflits entre différents pôles d'autorité. Il deviendra alors possible d'élargir notre champ de réflexion. D'ailleurs, plusieurs codes de conduite établis par l'orthodoxie mériteraient d'être critiqués. Lors de l'enterrement de ma grand-mère, le rabbin a voulu empêcher ma mère de déposer de la terre sur le cercueil de sa propre mère. Il s'agit d'un interdit traditionnel, mais dites-moi : est-il vraiment d'inspiration spirituelle ou n'est-il pas plutôt la conséquence d'une tradition produite au nom de Dieu pour servir les intérêts d'institutions patriarcales? Il y a une grande différence entre un commandement provenant des textes sacrés et celui qui n'est justifié que par l'argument d'autorité ultime : « Les choses se feront ainsi car je le dis, et je tiens de Dieu ce que je dis. »

*Tout dans vos propos nous amène à élaborer une conception dyna-*
*mique de l'identité plutôt qu'une déclinaison de qualificatifs figés...*

Nos identités nous apparaissent plus clairement grâce à la parole, mais elles sont également plus mouvantes. D'ailleurs, au cours de cet entretien, vos questions m'ont fait découvrir des liens entre certaines de mes créations et des aspects de ma vie de Juive ou de femme. Sans avoir cet accès à la parole et au dialogue, je n'aurais pas fait ces découvertes. L'identité est mouvante et fluide car le processus de construction, de (sur)prise de conscience et de dévoilement de l'identité est fortement influencé par les questions que l'on pose aux autres et par celles qu'ils nous posent. L'identité est là : dans le dialogue et dans l'échange. Si nous comprenons l'identité comme une construction qui se comporte en totale adéquation avec les propriétés physiques qui régissent l'univers, on ne peut plus que l'entrevoir comme un processus continu et dynamique, indéterminé et d'un potentiel infini. Si je ne me promène pas en public en déclarant que je suis juive ou féministe, j'admets toutefois que le processus de dévoilement est important.

# Philip Resnick

Juifs au Canada et au Québec — Jérusalem
et Athènes — le souverainisme au Québec
et le sionisme en Israël — dépasser
le ressentiment — je me souviens ou j'oublie

*P*hilip Resnick est né et a grandi à Montréal dans ce qui est aujour-
d'hui le quartier du Mile-End. Enfant, il a fréquenté des écoles juives au
primaire et au secondaire et il y a appris l'hébreu. La maison où il a
grandi était « cascher » et on y parlait yiddish. Vers l'âge de quinze ou
seize ans, il s'est éloigné de la religion. Lors des recensements pancana-
diens, il répond « aucune » à la question « religion », et « juif » à la question « origine ethnique ». Resnick explique : « Nous avons été nombreux à prendre nos distances par rapport à la communauté juive
montréalaise. Mordecai Richler est un exemple qui vient tout de suite à
l'esprit, même s'il était plus vieux que moi. Il s'est installé en Angleterre
où il a épousé une non-Juive. Leonard Cohen, également originaire de
Montréal, a lui aussi plus ou moins rompu avec la communauté et la vie
juives. Je garde bien évidemment un lien personnel et familial avec le
monde juif, mais je ne peux pas dire que je me définisse d'abord et avant
tout comme juif dans ma vie quotidienne, si ce n'est de temps en temps
lors de fêtes ou de mariages juifs dans la famille. Ma sœur et mon frère,
par contre, observent encore les traditions, et beaucoup de leurs enfants ont
déménagé en Israël. » Philip Resnick est le seul de sa famille a avoir
épousé une femme non juive.

Professeur de science politique depuis trente ans à l'Université de
Colombie-Britannique à Vancouver, ses recherches portent sur la démocratie
et sur l'identité nationale. Il a publié de très nombreux textes concernant le
nationalisme au Canada et au Québec, et il étudie depuis quelques années
plus spécifiquement les dynamiques identitaires dans des pays multinationaux tels que le Canada, la Belgique, l'Espagne et le Royaume-Uni.

*Philip Resnick a signé* The Land of Cain : Class and Nationalism in English Canada 1945-1975, *(New Star Books, 1977),* Toward a Canada-Quebec Union *(McGill-Queen's University Press, 1991),* Thinking English Canada *(Stoddart, 1994),* Réponse à un ami canadien *(en collaboration avec Daniel Latouche, Boréal, 1990),* Parliament vs. People : An Essay on Democracy and Canadian Political Culture *(New Star Books, 1984). Il a également été chroniqueur pendant plusieurs années au journal* Le Devoir *et il a publié quelques recueils de poésie, dont* The Centaur's Mountain *(Pelican, 1986).*

*Les Juifs occupent-ils une place différente dans l'imaginaire identi-*
*taire au Canada anglais et au Québec ?*

Décrivons d'abord cette communauté juive canadienne.
Montréal a la communauté juive la plus orthodoxe du pays. Il y a
également à Montréal une présence importante de Juifs sépharades, ce qui s'accorde d'ailleurs très bien avec la division linguistique typique de cette ville. Quant à la communauté juive de
Toronto, et bien qu'il ne s'agisse pas d'une donnée démographique juste, l'imaginaire de la communauté est marqué par la
perception qu'il y a là plus de survivants de l'Holocauste qu'à
Montréal. Cette communauté torontoise et ses membres de troisième ou deuxième génération ont très bien réussi leur insertion
sociale. Ils sont aujourd'hui complètement « canadianisés ». Ce
périple vers l'Ouest nous conduit ensuite à Winnipeg, qui fut
longtemps le principal centre juif de l'Ouest. À une certaine
époque, les Juifs ont participé à cette tradition de gauche —
socialistes, communistes et sionistes de gauche — alors très active
dans les Prairies. Quant à Vancouver, où j'habite depuis trente
ans, j'ai constaté que la communauté juive y est nettement moins
orthodoxe que dans le reste du Canada. Il y a plusieurs temples
réformés et je connais des gens engagés dans une synagogue du
Jewish Renewal, une tendance plutôt nouvel âge qui amalgame
judaïsme, écologisme et féminisme. Cela dit, 35 % des personnes
en Colombie-Britannique disent ne pas avoir de religion, ce qui

constitue le plus haut taux en Amérique du Nord. Cette attitude
à l'égard de la religion est également répandue chez les Juifs, et il
y a conséquemment beaucoup moins d'individus qui s'engagent
dans les organismes communautaires en particulier et dans la vie
de la communauté en général qu'à Montréal, par exemple. Rappelons pour l'histoire qu'un des premiers maires de Vancouver
était d'origine juive ainsi que David Barrett, le premier ministre
provincial néo-démocrate dans les années 1970, mais il s'agit là
de faits sans grande signification.

Revenons maintenant à la place qu'occupe le Juif dans l'imaginaire identitaire canadien et québécois. La problématique identitaire au Québec a longtemps été conçue principalement
comme un face-à-face entre francophones et anglophones. Du
point de vue francophone, non seulement les Juifs semblaient
être du côté des « autres », mais ils étaient perçus comme étant
d'« autres autres »… De là découlait bien évidemment un certain
antisémitisme. Mais cet antisémitisme n'était pas propre à la communauté franco-catholique du Québec. Il se rencontrait également chez des anglophones du Québec ou du reste du Canada,
du moins jusqu'à la Seconde Guerre mondiale. Dans les
années 1930-1950, l'antisémitisme faisait partie de la doctrine du
Crédit social canadien (le Social Credit en Alberta). Il y avait aussi
des *numerus clausus* à la faculté de médecine de l'Université
McGill et dans la fonction publique fédérale. On limitait le
nombre de Juifs pouvant y être admis. Tout cela appartient désormais au passé. Aujourd'hui, les Juifs du Canada sont si bien assimilés qu'ils sont proportionnellement surreprésentés dans toutes
les professions libérales : médecins, avocats, notaires, professeurs
d'université, etc. En politique, des Juifs ont des postes de ministres
et certains ont également été nommés à la Cour suprême.

Aujourd'hui, on vit sous le signe du dollar beaucoup plus
que sous le signe de la religion. Le Juif ne devient l'« autre »
qu'en ayant une pratique religieuse assidue, en s'engageant à
fond dans les organismes communautaires ou en se montrant
hypersensible à l'égard de la situation au Moyen-Orient, par

exemple. On sera alors le Juif canadien. Sinon, on est canadien juif, de la même façon qu'on peut être canadien protestant, catholique ou athée...

*Selon l'anthropologue québécois Pierre Anctil, les Juifs du Québec seraient plus orthodoxes que les Juifs du reste du Canada en raison du face-à-face francophones-anglophones qui a forcé les Juifs à s'organiser entre eux et à défendre une conception plus orthodoxe de leur identité.*

Je proposerais quant à moi une autre explication. Demandons-nous qui sont les trente mille Juifs qui sont partis du Québec pour fuir la « menace » souverainiste. Ce ne sont pas les plus orthodoxes, bien au contraire, mais plutôt des jeunes qui étaient laïques et sans racines profondes dans les organismes religieux et communautaires. Ces jeunes ont quitté le Québec à la recherche d'avantages économiques et professionnels, et ils vivent maintenant à Toronto, à Vancouver ou même aux États-Unis. Ceux qui sont restés étaient généralement plus orthodoxes et bien ancrés dans leur communauté. En conséquence, les orthodoxes sont maintenant proportionnellement plus nombreux et plus influents dans la communauté juive du Québec que dans les autres communautés ailleurs au Canada et en Amérique du Nord.

*Julien Bauer, professeur de science politique à l'UQAM, affirme dans l'entrevue qu'il nous a accordée pour ce livre que l'élément religieux est essentiel pour assurer la continuité de l'identité juive. Si les communautés juives de Toronto et de Vancouver sont moins religieuses que celle de Montréal, craignez-vous pour leur continuité ?*

Je ne considère pas que la continuité constitue un problème fondamental. En replaçant cette question dans un contexte historique plus large, on constate que les Juifs ont souvent été reconnus comme des individus qui pratiquaient une religion différente de celle de la majorité tout en jouant volontiers le rôle d'interprète pour permettre un dialogue avec la culture majoritaire. Cela s'est produit aussi bien à Alexandrie à l'époque hellénistique que dans l'Empire romain et dans la chrétienté médiévale, plus particulièrement en Espagne. Et tout comme aujourd'hui, on trouvait alors des Juifs soucieux d'assurer la continuité d'une certaine vision orthodoxe du judaïsme qui affrontaient d'autres Juifs désireux d'entrer en contact avec d'autres cultures. Voilà deux mille cinq cents ans à Alexandrie, il y avait déjà un important conflit à l'intérieur même de la communauté juive opposant les intégristes tout arc-boutés dans leur défense de la religion aux Juifs attirés par la philosophie, la culture et l'esthétisme grecs. À mon avis, les hellénisants voyaient juste !

*Pour le philosophe juif Leo Strauss, Athènes et Jérusalem sont les deux grandes sources de la pensée et de la culture occidentales. Mais plutôt que de les opposer, il prétend qu'elles ont beaucoup en commun.*

L'influence de Jérusalem est effectivement énorme en matière de religion et de moralité, mais c'est d'Athènes que provient notre pensée politique et artistique. Et il ne faut pas oublier Rome qui exerce elle aussi une forte influence sur la pensée légaliste, les institutions politiques et la langue. Ces cités représentent en quelque sorte les trois sources de la civilisation occidentale. Mais dans un monde sécularisé comme le nôtre, l'influence d'Athènes et de Rome supplante celle de Jérusalem. Et n'oublions pas que la Jérusalem qui a influencé l'Occident n'est pas tant la Jérusalem juive qu'une Jérusalem profondément réinterprétée par Jésus et par la chrétienté, même si le christianisme est né du judaïsme. Quant à la Grèce, il importe de rappeler une évidence : la Grèce moderne n'est pas la Grèce antique. Je me sens néanmoins très touché par les grandes tragédies grecques et je m'y replonge souvent. J'aime aussi beaucoup les écrits des grands philosophes et des historiens comme Thucydide que je lis et relis. J'ai été marqué par cette pensée grecque en partie cyclique, en partie réaliste, mais néanmoins optimiste.

Mais l'origine ne détermine pas tout. Plus nous nous éloi-
gnons de l'origine, plus nous élaborons de nouvelles idées et de
nouvelles formes sociales. Vivant à Vancouver, je suis bien placé
pour constater que l'Asie est aujourd'hui de plus en plus
influente.

*Sur une note plus personnelle, signalons que vous avez épousé une
femme grecque, que vous avez passé beaucoup de temps en Grèce,
que vous avez publié un recueil de poésie ayant la Grèce comme
thème central…*

C'est bien sûr le hasard, pour ne pas dire le destin, qui a fait
que j'ai épousé une Grecque. Mais il est vrai que je suis allé plus
souvent en Grèce qu'à Jérusalem, que je n'ai visitée qu'une seule
fois en 1995. Je dirais d'ailleurs qu'un laïc comme moi ne peut
faire autrement que de trouver cette ville religieuse à l'excès.
Cela dit, et même si j'ai pris mes distances par rapport à la pratique religieuse juive, je me sens encore influencé par la tradition
prophétique de l'Ancien Testament. Cette tradition qui dépeint
des prophètes trouvant leurs propres voix pour parler au peuple
et pour dénoncer les méfaits des rois me semble garder aujour-
d'hui encore une résonance assez forte. Je ne passe pas toutes
mes soirées à lire et relire les prophètes, mais cette littérature
explique selon moi pourquoi certains Juifs de la modernité tels
que Spinoza, Marx et Freud étaient iconoclastes. Ils partageaient
avec les prophètes l'idée selon laquelle on peut interpeller et
remettre en question l'ordre établi et l'autorité au nom d'une
certaine conception de la justice. Voilà qui explique à mes yeux
pourquoi les Juifs, même aisés, sont souvent sympathiques à des
doctrines comme le libéralisme ou la gauche, modérée ou radicale, et pourquoi ils sont plus sensibles face aux injustices. J'accorde par contre moins d'importance aux dix commandements
et à Moïse, car ce sont des mythes fondateurs historiquement
très contestables.

*Vous étudiez depuis plusieurs années la question de l'identité natio-*
*nale. Il semble que l'histoire juive influence peu la réflexion sur*
*l'identité culturelle pourtant au cœur de la pensée politique contem-*
*poraine.*

Précisons pourtant que les Juifs sont actifs dans cette
réflexion : on n'a qu'à penser à Liah Greenfeld, à Ernest Gellner
ou encore à Michael Walzer, trois des plus importants interve-
nants dans la réflexion contemporaine sur l'identité nationale en
particulier et culturelle en général. Quant à l'expérience identitaire juive, elle influence peu la réflexion moderne sur l'identité
nationale pour la simple raison que les Juifs ont constitué pendant des milliers d'années une nation sans État, sans territoire et
sans langue. Il est d'ailleurs paradoxal non seulement que le sionisme soit apparu bien après le nationalisme français, allemand,
belge, polonais, serbe, grec ou russe, mais qu'il ait été le dernier
nationalisme à apparaître dans l'Europe du XIXe siècle, malgré le
fait que les Juifs aient été les premiers à se poser la question de
l'identité nationale.

*Êtes-vous de ceux qui pensent qu'il est possible d'établir un parallèle*
*entre la souveraineté du Québec et l'indépendance d'Israël ?*

Les Juifs d'aujourd'hui, si préoccupés par la survivance d'Israël en particulier et de l'identité juive en général, devraient être
un peu plus sensibles à la question de l'identité nationale québécoise. Je ne veux pas dire par là qu'ils devraient adhérer au Parti
québécois, loin de là. Mais ils devraient reconnaître que ce sentiment identitaire si fort chez les Juifs se retrouve également chez
d'autres peuples, notamment chez les Canadiens français.
    Il est malheureux que certains Juifs québécois soient parmi
les ténors les plus excessifs de la ligne dure contre les aspirations
des souverainistes. Ironiquement, cette non-reconnaissance des
Canadiens français me rappelle la non-reconnaissance des Juifs
de la part des Canadiens français d'une autre époque... Les Juifs

doivent accepter qu'ils n'aient pas l'exclusivité des angoisses identitaires. Bien sûr, certains éléments du nationalisme québécois doivent être critiqués, comme dans le cas de tout nationalisme. Mais « nationalisme » ne signifie pas « fascisme hitlérien », et une telle équation est insultante et blessante pour un nationaliste québécois moderne, plus ouvert et pluraliste. Les Juifs, en comparaison, sont trop souvent sionistes à outrance.

*Vous avez dernièrement orienté vos recherches plus spécifiquement vers les cas d'États multinationaux. Vous avez découvert que le ressentiment que l'on attribue généralement aux nations minoritaires se retrouve également chez la nation majoritaire. Dans le cas du Québec, peut-on avancer l'hypothèse que les franco-catholiques et les Juifs éprouvent mutuellement du ressentiment les uns à l'égard des autres ?*

J'essaie de comprendre les dynamiques des États multinationaux en étudiant des cas où je me sens moins investi, ce qui me permet de prendre une certaine distance par rapport au cas canadien. J'ai donc étudié l'Espagne (les Catalans et les Basques face aux Espagnols), la Belgique (les Wallons et les Flamands), le Royaume-Uni (les Anglais et les Écossais) et tout de même le Canada et le Québec (les anglophones et les francophones). Ma thèse est la suivante : on parle avec raison d'un ressentiment de la part des groupes minoritaires — ou des groupes qui se sentent minoritaires — face au groupe majoritaire dont le comportement semble opprimant et injuste. Dans le cas du Canada, les francophones éprouvent du ressentiment envers les anglophones lorsqu'ils pensent à la défaite des plaines d'Abraham, à la pendaison de Louis Riel ou aux crises de la conscription. Mais ces situations ont souvent encouragé à leur tour un ressentiment des anglophones envers les francophones. Dans le cas de la conscription, par exemple, les anglophones estimaient qu'ils allaient défendre la France tout autant que le Royaume-Uni et ils trouvaient scandaleux que les francophones à qui le Canada avait déjà tant accordé — selon le point de vue anglophone — refusent de participer à cette guerre opposant la Civilisation à la Barbarie (je présente ici les enjeux selon les termes de l'époque). Si l'on prend un cas plus récent, tel que les deux référendums québécois, les anglophones éprouvent réellement du ressentiment envers les francophones qui rêvent de quitter une fédération qui leur a tant apporté. La séparation du Québec apparaît à plusieurs anglophones comme démocratiquement acceptable, mais émotivement inacceptable. J'insiste pour rappeler que je ne juge ni de la légitimité ni de la véracité de ces perceptions ; j'en constate l'existence et je dis : cessons de croire que le ressentiment n'est entretenu que par le groupe minoritaire.

Faisons maintenant le parallèle avec la relation entre les franco-catholiques et les Juifs. Les francophones du Québec ont longtemps déversé leur ressentiment sur la communauté juive car les Juifs étaient plus faibles que les anglophones que les francophones n'osaient ni attaquer ni critiquer de front. Alors que sont arrivés en masse à Montréal des Juifs d'Europe de l'Est de 1910 à 1930, le ressentiment qu'éprouvait le franco-catholique à l'égard du Juif peut se résumer en substance comme ceci : « Qui sont ces gens dont les ancêtres ont crucifié Jésus et qui débarquent chez nous et commencent à faire des affaires et de l'argent ? Pire encore, ils s'acoquinent avec notre ennemi et poussent l'affront jusqu'à devenir eux-mêmes des anglophones. »

Ces Juifs qui débarquaient d'Europe de l'Est d'où ils s'étaient fait chasser parfois violemment ne rêvaient que de s'installer rapidement et de travailler fort pour se faire une place dans ce Nouveau Monde qu'ils apprivoisaient petit à petit. À l'époque, Montréal était une ville anglophone : c'était en anglais qu'on faisait des affaires, les panneaux commerciaux étaient écrits en anglais, etc. Le Juif nouvellement arrivé en a déduit rapidement que l'anglais était la clef du succès. Cherchant à s'intégrer, il a opté tout naturellement pour l'anglais, d'autant plus que les francophones lui fermaient les portes de leurs écoles. L'opposition des francophones à la conscription lors de la Seconde Guerre mondiale a également été une cause de ressentiment, les Juifs croyant que l'opposition des francophones à la conscription ne pouvait s'expliquer que par une sympathie pour Hitler et son régime antisémite. Il faut souligner qu'il était difficile, d'un côté comme de l'autre, de dépasser les stéréotypes puisque les contacts restaient limités.

Quant aux relations entre Juifs et Anglo-Montréalais, elles étaient aussi empreintes de ressentiment. Pendant longtemps, on ne trouvait pas de Juifs en nombre dans les grandes institutions du Montréal anglophone tels que CPR, la Banque Royale, la Banque de Montréal, la Sun Life ou l'Université McGill. Et les Juifs éprouvaient du ressentiment envers les anglophones qui leur refusaient l'accès à leur monde, surtout à des positions dirigeantes. Quant aux anglophones, ils jugeaient ces Juifs trop solidaires entre eux et trop ambitieux.

*Mais comment surpasser ce ressentiment mutuel ?*

Par l'oubli.

*L'oubli ! Quel optimisme, quand on sait que la devise du Québec est « Je me souviens » et que l'identité des Franco-Québécois aussi bien que celle des Juifs reposent en grande partie sur l'histoire et le refus d'oublier.*

On cite souvent le fameux texte d'Ernest Renan, *Qu'est-ce qu'une nation ?,* paru en 1882, en rappelant la phrase célèbre selon laquelle la nation « est un plébiscite de tous les jours », c'est-à-dire que l'appartenance nationale est affaire de choix. Très bien. Mais Renan dit aussi autre chose : on peut faire le choix d'oublier. Être une nation, c'est précisément, selon Renan, avoir la capacité de passer l'éponge sur l'ardoise de l'Histoire. Parlant plus spécifiquement de la France, Renan dit qu'il faudrait oublier le massacre de la Saint-Barthélemy et les exactions contre les Cathares. Il ne s'agit pas de ne plus parler de son histoire, ni de ne plus l'enseigner. Il faut bien sûr reconnaître les injustices commises dans notre histoire et les événements non seulement malheureux, mais franchement douteux, et il faut se critiquer et même offrir réparation. Mais l'oubli est également très important dans les rapports entre majorité et minorité.

Si l'on veut continuer à vivre ensemble, il faut trouver une façon de reconnaître les erreurs du passé et de reconnaître le fait que divers groupes peuvent entretenir des visions historiques non seulement différentes, mais aussi divergentes et contradictoires, tout en convenant qu'il y a eu des moments de concorde et de convivialité qui doivent dépasser en importance les moments de crise. D'ailleurs, l'oubli doit être un processus que l'on entreprend *ensemble* et il participe de la volonté de vivre ensemble.

Si l'on revient à l'histoire du Canada et du Québec, il faut savoir qu'il y a eu de l'antisémitisme dans les années 1930, que le Canada a été injuste envers les Canadiens français lors de la Conquête, de l'affaire Louis Riel, des deux guerres mondiales. Mais il ne faut pas s'enfermer dans cette histoire malheureuse et ses événements injustes. Il ne faut pas revivre indéfiniment les querelles du passé. Juifs comme franco-catholiques devraient prendre exemple sur le gouvernement fédéral qui admet enfin qu'il a été injuste envers Louis Riel.

*Pourtant, les autochtones d'Amérique cherchent actuellement à rappeler au monde entier les souffrances qui leur furent imposées. Et dans les pays d'Amérique latine ou en Afrique du Sud, on sort d'années de dictature en mettant sur pied des commissions « Vérité et réconciliation » où, justement, les témoins du passé sont appelés à venir révéler les malheurs qui assombrissent l'histoire nationale de leurs pays.*

Cela fait effectivement partie de la mentalité contemporaine de croire qu'on ne peut guérir qu'en se remémorant les souffrances passées et en forçant les bourreaux à dévoiler leurs anciens crimes. Toutefois, il faut être prudent et se rappeler que Renan parle de malheurs historiques vieux de trois ou quatre siècles. Je ne crois pas que l'oubli soit facile lorsque c'est votre propre fils, par exemple, qui a été tué par un officier de Pinochet. Mais même au Chili, on désire que la vie continue. Et comme il faut vivre ensemble, on pratique d'une certaine manière l'oubli historique. Et si l'on revient au cas du Québec et des rapports entre Juifs et franco-catholiques, il faut bien admettre qu'on est loin d'événements aussi dramatiques que le massacre de la Saint-Barthélemy ou la dictature sanguinaire de Pinochet.

Le problème, c'est que les malheurs historiques sont souvent instrumentalisés pour servir des fins politiques. Ainsi, je lis de temps en temps le *Jewish Bulletin* de Vancouver et je constate que les ténors de la communauté juive recherchent parfois les crises qui leur donneraient l'occasion de s'indigner — et donc de légitimer leur fonction — et de fouetter l'ardeur des troupes, ce qui permettrait de resserrer le tissu communautaire. Pire encore, il y a certains Juifs nostalgiques d'une prétendue « vraie » identité juive qui rêvent d'une petite flambée d'antisémitisme qui aurait pour effet de renforcer l'identité et la cohésion de la communauté. Dans un régime d'une grande tolérance, la définition de l'identité devient un choix individuel, alors qu'en situation d'intolérance et de discrimination c'est souvent l'oppresseur qui impose une identité aux individus subissant la discrimination et qui fait de l'identité une question de vie ou de mort. De la même manière, certains souverainistes pratiquent la politique du pire, calculant que les attaques du gouvernement fédéral ravivent nécessairement l'ardeur des militants souverainistes. D'un point de vue strictement politique, il est vrai qu'une situation de persécution et d'injustice renforce le sentiment identitaire… Mais si l'on cherche moins à marquer des points sur l'échiquier politique qu'à comprendre la politique, à réfléchir sur elle, il faut alors étudier l'histoire avec sérieux pour se rendre compte que la situation des Juifs au Canada est extrêmement privilégiée en comparaison de celle des Juifs ailleurs dans le temps et l'espace. Apprenons donc à dédramatiser l'histoire de nos rapports. Si notre mémoire reste braquée sur tous les drames du passé, nous voilà paralysés ou condamnés à rejouer constamment le rôle de nos ancêtres…

# Lexique

## Courants religieux du judaïsme

Judaïsme réformé ou libéral : Ce courant se caractérise par son
  effort pour adapter les pratiques et la pensée juives à l'esprit
  du temps. Il conteste l'idée que la loi orale soit immuable.

Judaïsme conservateur : Ce courant se situe entre le judaïsme
  réformé et le judaïsme orthodoxe. Il conserve l'hébreu
  comme langue liturgique mais admet certaines adaptations à
  la vie moderne.

Judaïsme orthodoxe : Ce courant croit à l'origine divine de la
  Loi écrite ainsi qu'à son interprétation orale. La pratique
  orthodoxe vise la stricte observance des 613 commandements divins consignés et n'en tolère aucune modification
  en raison de leur caractère divin.

Hassidisme : Mouvement d'abord dissident de l'orthodoxie
  dominante dans la Pologne du XVIIIe siècle. Israël ben Eliezer
  dit le Ba'al Shem Tov (Maître du bon nom), fondateur du
  mouvement, a rompu avec la pratique intellectualisante des
  rabbins de l'époque pour adhérer à une pratique religieuse
  mystique, tout en restant attaché à la stricte observance des
  613 commandements.

Judaïsme du renouveau : Mouvement dissident du hassidisme. Fondé aux États-Unis par Zalman Schachter Shalomi, ce mouvement cherche à revenir à l'essence de la pratique mystique du judaïsme. Il abandonne l'orthodoxie codifiée de la pratique et du mode de vie juifs, et cherche à regrouper les gens par la ferveur de leur démarche spirituelle.

## Noms et mots reliés à l'identité juive

Bar-mitsvah : Cérémonie religieuse célébrée par les garçons à treize ans, qui marque le passage à l'âge adulte et l'obligation de respecter les commandements, ou Mitsvot. Les filles célèbrent la bat-mitsvah à l'âge de douze ans dans les milieux non ultra-orthodoxes.

Bund : Organisation ouvrière juive socialiste et antisioniste créée en 1897 en Pologne dont l'un des objectifs était la défense et la promotion de la culture yiddish. L'organisation se développe en Russie et en Lituanie avant d'être décimée par la répression soviétique puis par la répression nazie.

Cacheroute : Ensemble des prescriptions religieuses, des lois et des coutumes concernant les pratiques alimentaires.

Dhimma : Régime légal propre aux peuples du Livre (les Juifs et les Chrétiens) en terre d'Islam.

Hagada : Récit de la sortie d'Égypte du peuple juif, lu pendant le seder.

Hanouka : Fête célébrée en décembre qui commémore la libération du Temple de Jérusalem par Judas Maccabée, marquant la victoire contre l'occupation grecque d'Antiochos IV Épiphane en 165 avant Jésus-Christ.

Hébreu : Dans la tradition juive, langue par laquelle Dieu a créé le monde. Langue de la Bible dont l'expression orale disparaît au profit de l'araméen au cours du Vᵉ siècle après Jésus-

Christ. Elle demeure cependant la langue d'érudition. Au début du XXe siècle, l'hébreu comme langue d'usage renaît grâce aux efforts d'Eliezer ben Yehuda.

Kabbale : Tradition d'enseignement mystique et ésotérique à l'intérieur du judaïsme.

Kibboutz (pluriel : kibboutzim) : Village de colons sionistes s'établissant en Palestine et fonctionnant en autogestion selon des principes socialistes antiautoritaires.

Kippa : Bonnet porté par les hommes en tout temps en signe de reconnaissance de la présence divine.

Kippour (ou Yom Kippour) : Jour du Grand Pardon. Consacrée au repentir, c'est la fête juive la plus importante et l'une des six célébrations prescrites dans le Pentateuque.

Ladino : Langue parlée par les Juifs de la diaspora dans la péninsule ibérique, en Afrique du Nord et au Proche-Orient et constituée d'un mélange d'hébreu et d'espagnol médiéval. Le ladino a aussi été parlé en Amérique du Sud à la suite des migrations.

Menorah : Chandelier à sept branches.

Minyan : Quroum de dix hommes nécessaire à la célébration d'un office religieux. Au sein du judaïsme réformé et du Renouveau, des femmes peuvent participer au Minyan.

Pâque : Fête qui commémore la sortie d'Égypte du peuple juif et donc la fin de l'esclavage.

Seder : Rituel effectué le premier soir de la Pâque, comprenant la lecture de la hagada.

Shabbat : Jour sacré et de repos hebdomadaire. Le Shabbat débute le vendredi au coucher du soleil et s'achève le samedi soir.

Talmud : Corpus historique des commentaires des savants portant sur la loi orale consignée par écrit vers 200 après Jésus-Christ en Palestine.

Torah : Loi écrite révélée par Dieu, qui comprend les cinq premiers livres de la Bible (la Genèse, l'Exode, le Lévitique, les Nombres et le Deutéronome).

Yeshiva : Établissement d'enseignement supérieur consacré principalement aux études talmudiques. Les rabbins y sont formés.

Yiddish : Langue parlée par les Juifs de la diaspora en Europe (Allemagne, Autriche, Hongrie, Pologne, Roumanie, Russie) et constituée d'un mélange d'hébreu, d'allemand médiéval et de langues slaves. Le yiddish a aussi été parlé en Amérique à la suite des migrations.

Zohar : Livre consignant les doctrines mystiques d'une école en particulier, celle de la kabbale théosophique de Moïse de Léon à la fin du XIII$^e$ siècle après Jésus-Christ.

Note : Pour approfondir la connaissance du judaïsme, voir Jean-Christophe Attias et Esther Benbassa, *Dictionnaire de la civilisation juive,* Paris, Larousse, 1997 ; Victor Malka et Salomon Malka, *Le Petit Retz du judaïsme,* Paris, Retz, 1989.

# Table des matières

MISE EN PAGES ET TYPOGRAPHIE :
LES ÉDITIONS DU BORÉAL

ACHEVÉ D'IMPRIMER EN AVRIL 2004
SUR LES PRESSES DE TRANSCONTINENTAL IMPRESSION
IMPRIMERIE GAGNÉ, À LOUISEVILLE (QUÉBEC).